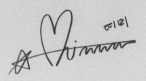
떠리

재원

김�연링

잠뜰

Dotty 도티

RE 빨간토마토

❤ SANDBOX

Raon 리온

부시밥

M2 이유모

Chu 츄팝

(반응)

꿍칸칸

장삐쭈

이혜닝

나는 유튜브 크리에이터를 꿈꾼다

샌드박스 네트워크가 알려주는 크리에이터의 모든 것

나는 유튜브 크리에이터를 꿈꾼다

샌드박스 네트워크 지음

위즈덤하우스

크리에이터를 꿈꾸는 이들에게

도티

샌드박스를 '꿈의 직장'이라고 하며 지대한 관심을 가져주셔서 늘 감사한 마음을 갖고 있어요. 실제로도 많은 분들이 우리 회사가 어떤 회사이고 어떻게 하면 함께할 수 있는지 궁금해하십니다. 저희가 생각하는 인재상은 '지하철에서 유튜브를 보다가 내릴 역을 지나쳐본 경험이 있는 사람'입니다. 그만큼 세상의 다양한 콘텐츠에 관심이 많고 즐기는 사람이 최고의 크리에이터가 될 수 있으니까요.

우선 크리에이터가 되고 싶다면 자신이 좋아하는 게 뭔지 찾아야 합니다. 자신이 좋아하는 것으로 영상을 만들어야 아이디어도 샘솟고, 지치지 않고 꾸준히 영상을 올릴 수 있으니까요. 트렌디한 영상을 보며 안목을 길러서 나만의 영상을 만드세요. 그리고 해보겠다고 마음을 먹었으면 인내력을 갖고 꾸준히 했으면 좋겠어요. 그러면 저희가 함께하자고 먼저 제안할 것입니다.

잠뜰

유튜브 크리에이터는 영향력이 생길수록 고민해야 하는 일과 해야 하는 일도 많아집니다. 우선 다양한 경험을 통해 콘텐츠를 다각도로 바라보는 재능을 키워나가야 합니다. 기존의 미디어와는 달리 시청자와 더욱 밀접하게 커뮤니케이션하는 영상을 만들어야 하기 때문에 기술적인 면 못지않게 다양한 사람들과 소통하고 공감할 수 있는 능력이 필요해요. 그러니 학교생활, 친구들과의 추억, 영화나 드라마 보기, 책 읽기 등 평소에 많은 경험을 해보세요.

백수골방

크리에이터는 분명 새로운 기회의 문입니다. 하지만 성급하게 생각하지는 마세요. 유명 크리에이터들의 나이는 대부분 20대 중반이 넘습니다. 누군가에게 즐거움을 나눠줄 수 있는 사람이 되려면 먼저 삶에서 다양한 경험을 많이 쌓아야 하기 때문입니다. 그러니까 여러분들 스스로 내가 진심으로 좋아하고 즐길 수 있는 일을 찾으세요. 그런 활동의 기억과 경험들을 차곡차곡 쌓다 보면, 어느새 사람들 앞에 서서 자신의 경험을 나눌 수 있을 것입니다.

지금 당장 무언가를 해야만 한다는 강박감은 느끼지 말고 먼저 주변 사람들에게 사랑받을 수 있는 사람이 되었으면 좋겠어요. 그렇게 사랑받는 나만의 방법을 깨닫고 나면, 크리에이터로서 더 많은 사람들의 사랑을 받을 수 있는 날이 분명히 올 거라 생각합니다.

풍월량

가장 먼저 자신이 하고 싶은 게 무엇인지 찾아보세요. 단지 재밌어 보인다고 해서 내가 잘할 수 있는 건 아닙니다. 자기가 좋아하는 걸 찾기가 참 어렵거든요. 그걸 잘하기도 어렵고요. 그러니까 하고 싶은 것을 일단 찾으면 반은 한 겁니다. 그러기 위해서는 자기 자신을 잘 알아야 하고 관심사도 분명해야 합니다. 학교도 열심히 다녀야 합니다. 학교에서 공부만 하는 건 아니잖아요. 또래와 함께하며 다양한 경험도 할 수 있으니까요.

말이야와 친구들

막연히 크리에이터의 꿈을 꾸지만 말고 정말 크리에이터가 되기를 원하는지, 적성에 맞는지 점검해보세요. 그리고 수익을 먼저 따지지 말고 일단 최선을 다해서 영상을 만들어 올려보세요. 그 일이 자신에게 맞는지를 아는 게 제일 중요하니까요. 10대의 경우 자신이 잘할 수 있는 일인지, 가능성은 있는지 테스트하는 차원에서 시작해보세요. 막상 만들어보면 생각과는 많이 다르거든요. 말이야와 친구들 멤버 중에 중학생 친구 두 명이 채널을 직접 운영하고 있습니다. 기획자로서 직접 촬영하고 편집해보면 크리에이터에 대해 구체적으로 알게 된답니다. 여러분도 꼭 채널을 만들어서 운영해보세요.

라온

저는 음악을 전공하지는 않았지만, 제가 좋아하는 영상을 통해 다른 분들에게 많은 관심과 사랑을 받고 있습니다. 유튜브 크리에이터의 매력 중 하나는 전문가가 아니더라도 누구나 도전할 수 있다는 점입니다. 분야가 무엇이든 영상으로 자기만의 특별한 개성을 표현하고 싶다면, 너무 어렵게 생각하지 말고 지금 바로 힘차게 도전해보세요!

띠미

처음에는 확신이 잘 안 들 수도 있지만 자신만의 목표가 확고하고 몇 달 동안 미친 듯이 몰입한다면 성과를 거둘 수 있을 것입니다. 물론 성실함과 노력만으로 되는 일은 아니지요. 트렌드를 읽는 눈도 키워야 합니다. 자녀가 크리에이터를 꿈꾼다면 부모님들도 많이 응원해주세요. 많이 믿어주고 격려해주신다면 크리에이터로서 자신감을 갖고 도전할 수 있을 거예요. 그게 가장 큰 힘이 됩니다.

김재원

누구나 쉽게 다가갈 수 있고 시도할 수 있다는 부분은 장점이기도 하지만 단점이 될 수도 있습니다. 쉽게 시작했다가 '왜 나는 성공하지 못할까' 하면서 절망할 수도 있지요. 하지만 꾸준히 노력하다 보면 언젠가는 기회가 오기 마련입니다. 물론 노력을 해도 실패할 때가 있지만 너무 위축되지는 마세요. 그때마다 경험치가 쌓이고, 나중에 도움이 될 것입니다. 저도 사람들이 빨리 성공했다고들 하지만 사실 6년이라는 시간이 걸렸거든요. 앞으로 더욱 좋은 크리에이터들이 많이 탄생했으면 하는 바람입니다. 크리에이터는 정말 재미있는 직업이니까요!

장삐쭈

크리에이터에겐 영감이 중요합니다. 다양한 경험을 통해서 자신만의 콘텐츠를 만들 수 있는 영감을 얻도록 하세요. 크리에이터는 스스로에 대해 공부를 많이 해야 하는 직업이라고 생각합니다. 잘하는 건 뭔지, 단점은 뭔지 알아야 많은 사람들에게 어필할 수 있기 때문입니다. 어떤 것을 더 부각시키고, 감춰야 하는지에 대해서도 정확하게 파악해야 합니다. 때로는 사람들이 싫어하는 모습을 감출 줄도 알아야 하는 만큼 자신의 특성을 아는 게 정말 중요해요. 그러니 스스로에게 계속 되물어보세요. 나는 어떤 사람인지, 무엇을 잘하는지, 무엇을 좋아하는지. 나에 대해서 공부하다 보면 길이 보일 것입니다.

빨간토마토

'고민하지 말고 일단 시작해봐!'라고 말씀드리고 싶어요. 먼저 도전해보고, 생각한 것과 다르면 수정해보고, 이러한 과정을 거치다 보면 원하는 방향으로 나아갈 수 있을 거라 생각해요. 크리에이터를 꿈꾸며 학업에 대한 고민도 하게 될 것입니다. 저도 비슷한 고민을 많이 했거든요. 학업과 병행하면서 꿈꾸는 활동에 시간을 할애해보세요. 성인들도 '이 직업을 계속 해야 하나'라는 고민을 늘 하거든요. 힘들더라도 조금씩 좋아하는 것을 시도해봤으면 좋겠습니다.

겜브링

유튜브는 누구에게나 열려 있고, 공평한 공간입니다. 진지하게 도전하다 보면 기회가 올 거예요. 단, 쉽게 생각해서 장난으로만 접근하진 않았으면 합니다. 크리에이터에게 가장 중요한 것은 '꾸준함'과 '성실함'이라고 생각해요. 처음부터 성과를 얻기가 쉽지 않기 때문에 빠르게 포기하기 쉽거든요. 책도 읽어보고, 자신이 좋아하는 걸 어떻게 편집하면 좋을지 공부해보세요! 어떻게 시작하면 좋을지 잘 모르겠다면, 좋아하는 크리에이터를 따라 해보는 것도 큰 도움이 됩니다. 따라 하다 보면 자신의 스타일을 알게 되고, 실력도 늘 수 있답니다.

마루

첫째, 스스로 즐거움을 가지세요. 내가 즐겁지 않으면 영상을 찍는 게 재미없어지고, 구독자나 조회 수에 연연하게 되어 포기하기 쉽습니다. 둘째, 영상 장비는 나중에 생각해요. 처음부터 고가의 장비로 시작하게 되면, 나중에 혹시 유튜브를 그만두게 될 경우 정말 후회하게 되거든요. 셋째, 행동 하나하나가 중요합니다. 아무리 좋은 이미지를 만들어도 무너지는 건 한순간입니다. 넷째, 무슨 콘텐츠를 제작해야 할지 모르겠다고요? 아이디어가 생각나지 않으면 자신만의 이미지로 무작정 따라 해보세요!! (다른 유튜버의 콘셉트까지 따라 하라는 말은 아니에요~) 그러다 보면 자신만의 콘텐츠가 나올 것입니다. 다섯째, 꼼수(맞구독이나 허위 이벤트 등)로 구독자 얻으려고 하지 마세요. 구독자는 말 그대로 영상을 지속적으로 보는 사람이에요. 그러므로 영상을 재미있게 찍어 구독자를 늘려주세요!

츄팝

크리에이터는 계속해서 트렌드를 읽고, 고민하는 습관이 중요합니다. 세상은 빠르게 변하고 경쟁자들도 계속 생겨나겠지만, 안주하지 않고 숙제를 조금씩 한다는 생각으로 도전했으면 좋겠습니다. 사람들이 무엇을 좋아하고 어떤 것에 열광하는지 찾아보면서, 콘텐츠에 대한 고민을 항상 의도적으로 하려고 노력해보세요. 이러한 노력 하나하나가 습관이 되는 게 가장 좋은 것 같아요. 그게 바로 건강하게 오랫동안 크리에이터를 지속할 수 있는 방법입니다.

미래를 이끌어갈 톱 크리에이터와 함께하는
새로운 세계

"공부 안 하고 뭐하는 거니?"

어린 시절 게임을 하고 있으면 어김없이 이런 말이 날아들었습니다. 하지만 이제 게임처럼 하고 싶은 것을 하면서 돈도 벌 수 있는 세상이 되었습니다. 장난감을 조립하고, 메이크업을 하고, 과자를 먹고, 일상의 자잘한 일들을 공유하는 걸로 수입을 얻을 수 있지요. 휴대폰 하나로 우리는 언제 어디서나 세상 누구와도 연결이 가능합니다. 우리는 이미 전혀 다른 세상으로 향하고 있는 것입니다.

"요즘 어떤 거 해?"

"유튜브에 영상 올리는 일을 하고 있어."

"아니, 그런 거 말고… 제대로 된 일은 안 하는 거야?"

도티가 처음 크리에이터 활동을 시작할 무렵만 해도 주변 사람들은 이렇게 말했습니다. '유튜브에 영상 올리는 것 말고 제대로 된 일.' 크리에이터란 직업에 대한 인식이 제대로 정립되지 않았을 때였으니까요.

하지만 지금은 전혀 다른 분위기입니다. 인기를 얻으며 유명세를 타는 크리에이터들도 많고, 톱 크리에이터들은 대기업 임원의 연봉을 넘어서는 수입을 올리고 있습니다.

초통령으로 불리는 샌드박스 네트워크의 공동 창업자이자 대표 크리에이터인 도티뿐만 아니라 장삐쭈, 백수골방, 말이야와 친구들, 잠뜰, 띠미 등은 인기인을 넘어 콘텐츠 산업과 그것을 소비하는 이들에게 상당한 영향력을 미치는 인플루언서입니다. 유튜브에는 재미있고 개성 넘치는 콘텐츠, 매력적인 영상으로 재능을 뽐내는 크리에이터들이 무척 많습니다. 학력, 나이, 성별의 제약이 전혀 없기 때문에 연령대도 다양하고, 다루는 분야도 세분화되어 있지요. 전에는 상상하지도 못했던 기발하고 다양한 분야의 콘텐츠들이 만들어집니다.

이제는 크리에이터가 장래희망 1순위라고 합니다. 아니나 다를까 많은 이들이 크리에이터와 샌드박스 네트워크에 대해 궁금해합니다. 포털 사이트나 샌드박스 홈페이지엔 이런 글이 가득합니다.

"나도 유튜브에 나만의 영상을 올리고 싶어요."

"도티 같은 크리에이터가 되는 게 제 꿈이에요."

"샌드박스에서 일하려면 어떤 준비를 해야 하는지 궁금합니다."

"학교에 다니며 유튜버 활동을 할 수는 없을까요?"

과연 크리에이터란 어떤 일을 하는 사람들일까요? 크리에이터가 되기 위해서는 어떤 자질이 필요하고, 무엇을 준비하는 게 좋을까요?

부모님께 등짝을 맞아가며 "하라는 공부는 안 하고, 왜 엉뚱한 짓을 하고 있어"라는 이야기를 들었다면, 당신은 크리에이터의 자질이 있습니다. 어떤 일이 너무 좋아 밤샘을 하고도 행복한 경험이 있다면, 몇 날 며칠 해도 질리지 않을 취미가 있다면 당신은 크리에이터가 될 수 있습니다.

샌드박스 네트워크 역시 '지하철에서 유튜브 영상을 보다가 내려야 할 역을 지나친 적이 있는 사람'을 가장 기본적인 직원의 자질로 꼽습니다. 그만큼 이 세계를 사랑하고 관심이 있는 사람이 샌드박스 네트워크의 직원이 되기를 바라기 때문입니다. 좋아서 하는 일은 억지로 하는 일과 너무도 큰 차이를 보이니까요.

좋아하는 일이 있다면, 잘하는 것이 있다면 누구라도 크리에이터에 도전할 수 있습니다. 지금껏 알고 있던 세계, 아주 오랫동안 반복되어왔던 뻔한 틀에 자신을 가둬두기엔 스스로의 가능성과 꿈이 크지 않나요? 그러니 마음껏 도전해보세요. 분명 앞으로의 세상에선 우리가 상상하는 그 이상의 것들이 펼쳐질 테니까요.

샌드박스 네트워크는 다양한 분야에서 영향력을 발휘하고 있는 150여 팀의 크리에이터들과 함께하고 있습니다. 월 10억 조회 수를 돌파하며 크리에이터의 콘텐츠를 활용한 다양한 사업 확장, 교육과 게임 분야 진출 등으로 MCN(Multi Channel Network, 다중 채널 네트워크) 산업을 이끌어가고 있습니다. 이러한 샌드박스 네트워크와 크리에이터들이 들려주는 생생한 경험담, 그리고 시행착오를 통해 깨달은 지혜를 이 책에 아낌없이 담았습니다. 그 무엇과도 바꿀 수 없는 값진 조언을 통해 영감을 얻고, 도전하시길 바랍니다.

이 책을 읽는 여러분이 세상 그 무엇보다 창조적이고 재미있는 콘텐츠로 언젠가 샌드박스 네트워크와 함께하기를 기다리고 있겠습니다.

샌드박스 네트워크 CEO **이필성**,
CCO(최고콘텐츠관리자)&크리에이터 **도티**

1장

도티부터 마루까지. 서로 다른 꿈을 꾸던 사람들이 모이다

SANDBOX NETWORK (샌드박스 네트워크)   구독자 132,074명

융짐
샌드박스 취직을 꿈꾸는 1인ㅋㅋ

샌박 친구
진짜… 꿈의 회사다…

유녕이
샌드박스라는 기업, 유튜버의 위☆엄ㅋㅋㅋ
진짜 성공했네요.

지민tv
안녕하세요. 전 샌드박스 팬입니다.
어떻게 하면 도티 님 같은 크리에이터가 될 수 있나요?

풀밭
샌드박스 멤버들 모두 흥하길!

유미짱
저도 샌드박스 소속이 되고 싶어요. 나중에 같이 방송해요~!

채널 호야
샌드박스 크리에이터분들 구독자 수 어마어마하네요. 역
시!!!!!!!!

과학자나
변호사?
대기업 취직?

우리의 꿈은
크리에이터!!!
(특히 샌드박스 네트워크
크리에이터가 되는 것!)

어서 와~
샌드박스 네트워크가
알려주는
크리에이터의
세계로~

크리에이터는
어떻게 꿈의 직업이
되었을까?

한국 최초 유튜브 200만 구독자! 한국 게이밍 채널 1위, 10대를 위한 새로운 놀이 문화 창시자, 도티.

국내 최고 수준의 유튜브 애니메이션 및 V-log, 다양한 콘텐츠를 창작하는 다재다능한 크리에이터, 잠뜰.

종합 게임, 스트리밍의 바이블! 한국 대표 스트리머, 풍월량.

구독자 235만을 자랑하는 커버송의 최강자! 해외에서도 인기 폭발 크리에이터, 라온.

신이 내린 즐겜 유저. 새로운 게임 콘텐츠를 선보이는 트렌드 세터, 김재원.

재미있는 놀이와 즐거운 교육을 결합한 키즈 엔터테인먼트 채널의 대통령, 말이야와 친구들.

지루할 틈 없는 액체괴물과 슬라임의 매력 속으로, 츄팝.

병맛 더빙의 신세계를 개척한 돌+I 크리에이터, 장쀄쭈.

유튜브 영화 리뷰의 수준을 한 단계 높인 품격 있는 크리에이터, 백수골방.

리뷰, 먹방, 뷰티, ASMR까지… 샌드박스 네트워크 오디션으로 탄생한 만능 크리에이터, 띠미.

무한한 상상력으로 만든 애니메이션! 상상극장이 시작된다, 빨간토마토.

내가 바로 병맛 게임 크리에이터, 겜브링.

10대 크리에이터 파워를 보여준다, 마루.

세상에 없던 새로운 직업의 탄생

"끝까지 크리에이터로 살고 싶어요."

2017년 '케이블 TV 방송대상(KCTA Show) 1인 크리에이터 부문'에서 수상의 영예를 안은 도티는 소감으로 이런 말을 남겼다.

명문대 졸업생, 연 수입 19억 원, 성공한 스타트업 사업가, 샌드박스 네트워크 공동 대표…. 도티를 수식하는 단어는 많지만 그중에 가장 빛나는 것은 '크리에이터' 아닐까. 그를 단순히 인기가 많다거나 돈을 많이 버는 '유튜버' 정도로 설명하기엔 턱없이 부족할 것이다.

잠뜰, 풍월량, 라온, 김재원, 말이야와 친구들, 츄팝, 장삐쭈, 백수골방, 띠미, 빨간토마토, 젬브링, 마루… 이들은 모두 요즘 한창 인기를 얻고 있는 크리에이터들! 그리고 이들 모두 바로 샌드박스 네트워크 소속이다.

단순한 오락에서 교육적인 콘텐츠까지, 다양한 분야를 넘나들며 새로운 세상을 창조하는 이들은 많은 사람들의 워너비이자 궁금증의 대상이다.

장난감 조립만 잘해도 직업이 생긴다면 믿을까? 텔레비전에 출연하지 않고도, 나만의 방송을 해서 인기 스타가 될 수 있다면? 게임 하면서 수다를 떠는 게 직업이 될 수 있을까? 내 방에서 내가 좋아하는 일을 하며, 전 세계 사람들과 소통하며 돈을 벌 수 있다면?

그런 일이 가능한 세상이 되었다. 이제 우리는 언제 어디서나 세상 누구와도 연결될 수 있다. 이런 흐름 속에서 탄생한 유튜브는 전 세계인이 소통하는 가장 활발한 무대, 즉 가장 핵심적인 디지털 플랫폼이다.

이처럼 유튜브에 영상을 올리는 이들을 유튜버, 또는 크리에이터라 부른다. 이들 중 인기 있는 크리에이터들은 수백만 명의 팔로워를 이끌면서 연예인을 넘어서는 인기를 누리고, 많은 수입도 얻고 있다.

크리에이터의 세계는 진입장벽이 없고, 큰돈이 필요하지 않으며, 성별과 연령을 가리지 않는다. 자기만의 콘텐츠가 있고, 영상을 찍을 휴대폰과 컴퓨터, 편집 프로그램만 있으면 누구라도 도전 가능하다.

호기심이 많아서 이것저것 만지고 분해하는 사람. 자기만의 세계에 빠져 책 덕후가 된 사람. 새가 좋아 들로 산으로 정신없이 새를 찾아다니는 사람. 들썩들썩 하루 종일 랩을 하고 춤을 추는 사람. 누구라도 크리에이터에 도전할 수 있는 것이다.

재미있으면 공유하자

게임, 메이크업, 요리, 여행, 그림, 음악, 춤… 크리에이터의 영역은 장르를 가리지 않고 다양하다. '이런 것도 있어?' 할 정도로 세분화된 영역을 콘텐츠로 다루는 크리에이터는 최근 가장 관심을 받는 직업으로 떠오르고 있다. 나 혼자만의 취미, 나만의 놀이, 나만이 잘 알던 것들을 세상 밖으로 꺼내, 같은 취미와 관심사를 지닌 이들을 끌어모으고 있는 것이다.

'크리에이터'란 정확하게 어떤 의미일까? 아주 쉽게 말해 '새로운 것을 창조하는 사람', 즉 창작자라고 설명할 수 있다. 최근에는 1인 콘텐츠를 만드는 사람, 개인 방송을 하는 1인 미디어를 뜻하는 말로 쓰이며 1인 창작자, 1인 미디어라고 불리기도 한다. 아프리카TV에서 개인 방송을 하는 BJ나 유튜브에 영상을 올리는 유튜버 모두를 총칭하는 말이다. 혼자서 영상을 제작해야 하기 때문에 모든 콘텐츠는 자기 안에서 나와야 한다.

이들은 자신이 좋아하거나 잘하는 일을 혼자 간직하지 않고, 영상으로 제작해 유튜브를 비롯한 다양한 플랫폼에 올린다. 자기 콘텐츠를 다른 이들과 공유하고, 그것에 공감하는 사람들이 모여들어 구독자가 생기고 조회 수가 늘면 인기 크리에이터가 된다.

좋아하는 일을 하며 돈을 벌 수 있다면 이보다 행복한 일이 또 있을까? 크리에이터가 꿈의 직업이 될 수밖에 없는 이유다.

물론 아무 영상이나 올린다고 해서 모두 다 인기 크리에이터가 되는 것은 아니다. 내 콘텐츠만이 지닌 독창성과 매력이 있어야 한다. 그러기 위해 가장 중요한 것은 자신이 좋아하는 일에서 시작하는 것. 좋아해야 기발한 아이디어가 떠오르고, 좋아해야 지치지 않고 지속적으로 콘텐츠를 만들어낼 수 있다.

좋아하거나 잘하는 일이 있다면, 크리에이터의 세상은 누구에게나 활짝 열려 있다. 누구라도 도전할 수 있고, 누구라도 스스로 기회를 만들 수 있다.

좋아하는 것이 있다면 일단 도전!

"문화를 만듭니다."

군대에서 하루 일과를 마치고 힘겨움을 달래기 위해 보던 TV에서 들려온 말이다. 멋진 내레이션이 브라운관 밖으로 흘러나왔다. 마음이 싱숭생숭하고 모든 것들에 의미를 부여하던 감수성 예민한 시절, 군대에서 그는 무릎을 쳤다.

'와, 문화를 만든다니, 도대체 이게 뭘까?'

또다시 궁금증이 생겼다. 그리고 이 궁금증이 결국 그를 크리에이터의 세계로 인도한다. 그가 누구냐고? 바로 샌드박스 네트워크의 대표 크리에이터 도티다.

꿈이 계속 바뀐 도티의 학창 시절

학창 시절 도티는 글 쓰는 일부터 노래하고 춤추는 것까지, 관심사도 다양하고 하고 싶은 것도 많던 소년이었다. 글이 좋아 문학에 탐닉하다가 국문학을 전공했고, 다시 법학이라는 다른 세계를 만났다. 그렇다면 지금쯤 변호사나 검사가 되어 있어야 하지 않을까? 아니면 소설가나 시인, 혹은 방송 작가?

하지만 그는 오늘도 마인크래프트 게임을 하며 시청자와의 소통에 여념이 없다. 어찌 보면 전공과는 무관한 일을 하고 있는 셈이다. 전공대로 진로를 택하는 사람은 많지 않지만 이것저것 호기심이 많고 도전의식이 풍부했던 도티의 진로 변화에는 흥미로운 구석이 많다.

그는 대학 2학년까지 국어국문학과에 다니다가 3학년 때 법학과로 전과를 했다. 특별한 이유가 있어서는 아니다. 중고등학교 학창 시절을 돌이켜보면 문예부 활동을 열심히 했고, 전국 백일장 대회에 나가서 1등을 하기도 했다. 특히 운문을 잘 썼다. 그러니 국문학과를 택한 것은 자연스러운 일. '방송 작가를 하지 않을까?', '혹시 시인이 될지도 모르지…'라며 글 쓰는 일을 직업으로 삼게 되지 않을까 하는 막연한 생각도 있었다.

하지만 막상 학교에서 받는 수업은 도티의 생각과 너무 달랐다. 수업을 듣고 갑자기 영감이 막 떠오르거나, 글 쓰는 능력이 급격히 좋아지는 것도 아니었다. 특히 시 쓰기 수업에서 'C+'라는 학점을 받고는 충격에 빠졌다.

'아, 난 재능이 없구나. 내 길이 아닌가 보네.'

울컥하는 마음과 화나는 마음이 묘하게 뒤섞였다.

그리고 3학년 때 법학과로 전과를 했다. '애매하고 막연한 분야가 아닌, 정답이 손에 잡히는 공부를 하고 싶어'라는 생각으로 진로를 탐색하다 법학과를 결정한 것. 뜬구름 잡는 듯한 문제 대신, 논리적으로 케이스 풀이를 하고 판례를 찾아보며 암기를 하는 동안 공부에 부쩍 재미를 느꼈다. 호기심이 생기면 도전해보고야 마는 도티다운 결정이랄까?

하지만 사법고시를 준비하던 무렵 도티는 스스로에게 물었다.

'내가 정말 사법고시에 붙을 실력이 될까?'

자신에게 돌아온 대답은 '글쎄'였다. 어영부영 그럭저럭 공부하던 자신의 실력에 한계가 있음을 스스로 잘 알고 있었기 때문이다.

사실 주체할 수 없는 도티의 다양한 호기심과 에너지는 그를 가만히 내버려두지 않았다. 스물세 살 무렵에는 갑자기 가수가 되고 싶다는 생각에 실제로 JYP에서 오디션을 보기도 했다. 물론 오디션에서 떨어졌지만 그날, 그곳에서 평생 잊지 못할 굉장히 큰 경험을 한다.

"그날 느낀 감정은 평생 잊을 수가 없어요. 저는 치열한 고민 없이 호기심에 참석한 오디션이었어요. 궁금하니까 도전해본다는 의미가 컸죠. 한데 저를 둘러싼 다른 친구들의 눈빛과 열정의 온도에 깜짝 놀랐어요. 떨면서 하나라도 더 연습하려는 모습에서, 그 일에 대한 간절한 마음이 고스란히 느껴졌거든요. 그 일이 이 세상의 전부인 것처럼 절박했죠."

어쩌다 하루, 특별한 경험을 해보려고 시도한 일이 누군가에게는 이렇게 어마어마한 일이구나 하는 생각에 도티는 충격을 받았다. 그 이후로 그는 어떤 일이든 가벼이 대하지 않는다. 누군가 자신의 모든 것을 걸고 절박하게 도전하는 일을 장난스럽게 대하면 안 된다는 그날의 깨달음 때문이다.

도티는 관심의 폭이 넓고, 서슴없이 도전하는 사람이었지만 나설 때와 물러설 때를 잘 알기도 했다. 좋아하는 것과 잘하는 것은 다르고, 하고 싶은 일과 해야 할 일이 다르다는 것도. 그리고 이 세상의 모든 꿈은 저마다의 모습으로 소중하다는 것도.

열심히는 좋지만 압박감은 내려놓는 게 어때

우연히 접한 TV 광고로 문화를 만드는 일이 궁금해졌다는 도티. 하지만 막연한 호기심에 그칠 도티가 아니다. 문화를 만드는 일이란 무엇인지 궁금해 몸살을 앓던 그는 2013년, 전역하자마자 법학이 아닌 신문방송학과 3~4학년 전공수업을 무작정 들었다.

"당시 들었던 수업이 아주 큰 전환점이 되었어요. 2013년 여름이 지나고 싸이의 '강남스타일'이 엄청 핫할 때라 1인 미디어, 1인 크리에이터들이 부각되고 있었거든요. 그 무렵 들은 수업에서 유튜브라는 생태계를 이해할 수 있었고, MCN 사업에 대한 이해의 폭을 넓힐 수 있었죠."

이런 과정들이 그를 크리에이터의 세계로 이끌었다.

'아, 바로 이거구나! 내가 찾던 신기한 세계!'

도티는 PD가 되기로 결심한다. 그리고 '유튜브에 채널을 운영해서 구독자 1,000명 정도를 모으면 자기소개서에 굉장히 특별한 한 줄을 만들 수 있겠구나'라고 생각했다. 출발점은 조금 특이한 경력으로 남들과 다른 경쟁력을 갖는 것이었다. 그의 크리에이터 인생은 그렇게 시작되었다.

'꿈'을 이야기하면 어떤 단어들이 연상될까?

미래, 소중함, 가치, 행복, 노력, 직업… 여러 단어들이 있겠지만, 많은 사람들이 '치열함'을 먼저 떠올린다. 꿈을 이루기 위해서는 설렁설렁 해서는 안 되고, 인생을 걸고 치열하게 노력해야 한다고 여긴다. 하지만 도티의 생각은 조금 다르다.

"물론 열심히 하는 건 좋죠. 하지만 너무 치열하게 뭘 해야겠다는 강박을 가지면 오히려 시야가 더 좁아지는 것 같아요. '이거 아니면 절대 안 돼'라는 생각에 지나치게 사로잡히면, 다른 길이 보이질 않아요. 혹시 실패하거나 잘 안됐을 때, 회복하기도 힘들고요. 그냥 우연찮게 발견되는 꿈도 의미가 있잖아요. 저는 그랬거든요."

우리는 과연 스스로 무엇이 되고 싶어 하는 것인지에 대해서 늘 고민한다. 직장에 다니면서도 늘 꿈을 좇고 미래에 정말 하고 싶은 것은 무엇일지 생각하고 또 생각해본다. 일찍부터 하고 싶은 일이 분명하게 결정되어 있다면 그것도 좋다. 하지만 아직 무엇을 해야 할지 모른다 해도 그다지 문제 될 건 없다. 조금만 고개를 들어서 하늘을 보면, 무수히 많은 별무리들이 보인다. 세상에는 별처럼 많은 일들이 있고, 그 일은 모두 저마다의 가치와 소중함을 품고 빛난다.

먼저 자신이 좋아하는 게 뭔지 시간을 갖고 생각해보는 건 어떨까? 선뜻 떠오르지 않아도 좋고 자주 바뀌어도 좋다. 어쩌다 갑자기 발견할 수도 있다. 또 조금 늦게 찾는다 해도 괜찮다. 좋아하고 관심 가는 일이 생긴다면, 망설이지 말고 도전해보자. 부딪쳐봐야 알게 되는 것도 있으니까.

크리에이터로
성공한 사람,
떡잎부터 달랐다?

"조용하고 내성적인 사람이 유튜버가 될 수 있나?"

"크리에이터라면, 끼가 넘쳐야만 성공할 것 같은데….."

"잘되거나 성공하는 사람들은 분명 특별한 사람들일 거야."

"공부를 잘했겠지. 그쪽도 결국 학벌이나 스펙으로 움직이는 거
아냐? 아무나 다 잘될 순 없는 거잖아."

크리에이터는 무조건 끼가 넘쳐야 할까?

많은 사람들이 크리에이터가 되려면 끼가 필요하다는 말을 한다.

그렇다면 잘나가는 크리에이터들은 모두 끼와 흥이 넘칠까? 조용하고 내성적인 성격의 사람은 크리에이터에 어울리지 않는 걸까?

"조용하고 내성적이더라도, 자신의 강점을 알고 거기에 자신감만 있다면 누구든지 크리에이터가 될 수 있다고 생각해요."

영화 리뷰 크리에이터 백수골방은 자신이 아주 차분하고 내성적이라고 말한다.

채널마다 다루는 콘텐츠가 다르고, 모여드는 시청자 층도 제각각이다. 다양한 취향만큼이나 다양한 콘텐츠가 있으니. 콘텐츠를 즐겨 보는 구독자 수가 25만 명, 월간 채널 조회 수는 461만에 이르는 백수골방은 톡톡 튀는 발랄함보다는 진중하고 진정성 있는 스타일을 지향하는 편이다.

학창 시절의 그는 사귀는 친구도 많지 않았고, 사람들 앞에서 이야기하는 방법도 몰랐지만 들려주고 싶은 영화 이야기는 항상 넘쳐흘렀다.

"모든 크리에이터가 항상 끼가 넘치고 활발할 필요는 없어요. 저를 보세요. 실제로 가능해요."

남들에게 들려줄 수 있는 자신만의 이야기가 있다면 그에 맞는 방식을 찾아서 콘텐츠를 만들면 된다.

액체괴물 만드는 아저씨로 알려진 츄팝도 비슷한 케이스다. 학창 시절에는 조용하고 차분한 학생이었다. 대학에 다닐 때까지도 혼자 있는 것을 좋아하는, 말 없는 사람이었다. 지금은? 별의별 재료들을 액체괴물에 섞어서 상상도 못 했던 재미난 것들을 만들기도 하고, 혼자 낄낄대거나 집 안을 난장판으로 만들기도 한다. 실제로 그는 크리에이터로 시청자와 소통하면서 예전에 비해 많이 밝아졌다.

"야, 네 영상 낯 뜨거워서 못 보겠어!"

"너한테 그런 면도 있었냐?"

학창 시절부터 알고 지내던 친구나 가족들은 놀라며 가끔 이렇게 말하기도 한다.

사람에게는 여러 가지 모습이 있다. 늘 활기차기만 한 것도, 늘 조용하기만 한 것도 아니다. 그리고 그 모습이 고정된 것도 아니다. 츄팝이 크리에이터가 되어서 시청자와 소통하며, 자신에게 없던 새로운 모습을 발견한 것처럼.

공부 좀 못해도, 존재감 없어도 괜찮아

"저는 존재감이 없는 사람이었어요."

백수골방은 학창 시절의 자신을 존재감이 없는 사람으로 기억한다. 친구들과 어울리는 방법을 몰라서 쉬는 시간이 되면 그대로 자리에 앉아 책 읽는 척을 했을 정도. 그것도 어려운 책만 골라서 읽었다. '나는 너희들과 달라'라고 애써 말하는 게 어쩌면 그가 자존감을 지키는 방식이었을지도 모르겠다.

반면 풍월량은 친구들과 어울리며 PC방과 오락실을 다니고 놀기 좋아하던 개구쟁이였다.

"야, PC방 가자!"

"오락실 가자!"

수업이 끝나면 이런 말을 제일 먼저 외쳤다. 평범하지만 활발하고 놀기 좋아하는 스타일. 꿈에 대한 고민으로 방황하는 사춘기 시절도 있었지만, 그때 좋아했던 게임과 활발한 성격 덕분에 지금은 게임 스트리머로 성공했다.

"저는 꼴찌에서 1, 2등을 다투던 학생이었죠. 선생님들이 제일 싫어하는 학생, 친구들이 제일 좋아하는 학생이었어요."

이렇게 극과 극의 평가를 받은 인물은 누구일까? 꼴찌를 도맡아 하던 친구 때문에 늘 뒤에서 2등이었음을 안타까워하는 장삐쭈다.

그는 스스로를 공부 못하는 학생이었다고 말한다. 성적 중심으로 학생을 평가하고, 관심과 애정 어린 소통이 단절된 학교와 선생님을 신뢰하기 어려웠다. 그러다 보니 어깃장을 놓듯 공부를 멀리 했고, 선생님들 눈총에서도 자유롭지 않았다. 개그맨이 꿈이라 재미난 입담 덕에 친구들에게 인기가 많았지만, 그의 학교생활은 순탄하지 않았다.

지금 우리가 만나는 크리에이터들의 어린 시절 모습은 제각각이다. 누구는 조용하고 내성적이었으며, 누구는 개구쟁이에 활발했다. 누구는 반항아였으며, 누구는 모범생이었다. 세상에 다양한 사람들이 존재하는 것처럼 크리에이터들 역시 마찬가지. 그들은 자신의 모습을 인정하고 받아들였으며, 거기서 자기 꿈을 찾아냈다.

그들이 성공할 수 있었던 것은 자신에게 없는 것을 애써 찾으려 하거나, 굳이 남들처럼 되려 하기보다는 있는 그대로의 자신을 인정했기 때문이 아닐까?

내성적이고 소심하다는 이유로 지레 겁먹지 말자. 공부를 못한다고 걱정할 것도 없다. 스펙이나 학벌이 인생을 좌우할 거란 압박감도 잠시 잊자. 우리에게는 모두 각자 자기만의 재능과 꿈이 있으니까. 가장 소중한 건 바로 '나만의 것'에서 탄생한다.

제 진짜 꿈은 '크리에이터'입니다

"유튜브에 영상을 올려서 돈을 번다고?"

"특출난 몇 사람만 성공하는 시장 아닐까?"

"크리에이터가 뭐길래 다들 난리지? 연예인 같은 거야?"

초등학생들의 장래희망 1순위가 크리에이터라고 할 만큼 크리에이터는 큰 주목을 받고 있다. 하지만 유튜브에 친숙하지 않은 사람들은 크리에이터라는 단어조차 생소하다고 말한다. 요즘 뜨는 직업이라고는 하지만 여전히 미지의 영역. 그러다 보니 오해와 편견도 많은 편이다.

반짝하고 사라지는 거 아니냐고요?!

아직도 많은 사람들이 크리에이터라고 하면 막연히 유튜브에 희한한 영상을 올리는 사람, 혹은 게임 스트리밍 하는 사람 정도로 이해할 뿐이다. 어린 친구들이 즐기는 콘텐츠라는 사실 하나만으로 B급 문화로 인식하는 경향도 있다. 별다른 노력 없이 운만 좋으면 한순간 대박을 치고 성공하는 걸로 오해하기도 한다.

그런 실정이다 보니, 단순한 취미가 아니라 직업으로서 이 일이 갖는 의미와 가치에 대해서도 제대로 된 인식이 없다. 무엇보다 크리에이터가 되려는 꿈을 가진 이들의 부모들은 더 예민하게 반응한다.

"이 일이 정말 직업이 될 수 있는 걸까?"

"한순간 유행하고 사라져버리는 것은 아닐까?"

"유명한 크리에이터가 많다고 하는데, 그 수입으로 정말 먹고살 수 있는 걸까?"

사람들이 가장 걱정하는 건 이런 점이다. 이 궁금증에 대해 샌드박스 네트워크에서 크리에이터들을 관리하는 파트너십팀 김선구 팀장은 "충분히 가치가 있다"고 강조한다.

"요즘 정말 어린아이들도 스와이핑 해서 유튜브를 열어볼 정도잖아요. 그런 영상 소비 행태는 그 친구들이 자라나면 더 강해질 거라고 생각해요. 미디어를 접하고 활용하는 방식과 습관은 쉽게 바뀌지 않습니다."

모바일 세대에겐 유튜브나 1인 미디어를 통한 영상 소비가 오히려 TV보다 훨씬 익숙하기 때문이다.

보통 크리에이터들은 유튜브나 스트리밍 광고, 그리고 자체적으로 제작한 오리지널 광고 콘텐츠로 수익을 얻는다. 콘텐츠를 활용해 2차, 3차 저작물이 만들어지기도 하고, 다른 매체에 콘텐츠를 팔기도 한다. 실제로 케이블 TV나 IPTV(Internet Protocol Television)에 콘텐츠가 판매되거나, 뮤지컬 무대로 만들어지는 등 다양한 형태로 활용된다.

자기만의 콘텐츠가 확실하고 시청자만 확보해두면, 콘텐츠를 활용해 돈을 벌 수 있는 길은 다양하다. 크리에이터마다 다르긴 하지만, 조금 이름이 알려졌다고 하는 이들의 경우 웬만한 직장인보다 훨씬 높은 수준으로 돈을 벌고 있다.

실제로 동영상 콘텐츠의 소비는 계속 늘어나고 있다. 시간이 흐를수록 크리에이터란 직업에 대한 가치도 분명 높아질 것이다.

누구나 궁금해하는 크리에이터의 미래

샌드박스 네트워크의 이필성 대표는 콘텐츠 산업의 미래가 밝다고 강조한다.

"조금 식상한 이야기일 수 있지만 인공지능 기술 같은 것들이 세상에 일으킬 변화라는 게 분명히 존재하잖아요. 로봇이 사람의 일을 대신하는 경우도 점점 많아질 것이고요. 일하는 시간도 당연히 줄어들겠지요. 그렇다면 여유를 즐기기 위한 콘텐츠의 필요성은 당연히 증가할 겁니다."

이런 흐름에 따라 다양한 콘텐츠로 시청자를 즐겁게 해주는 1인 미디어의 역할은 늘어날 게 분명하고, 직업으로서의 가능성과 비전도 무궁무진하다. 그렇기에 성급할 필요도 없고 지나치게 외면할 필요도 없다.

도티의 경우 2013년에 1인 방송을 시작했는데, 그때까지만 해도 크리에이터에 대한 보편적 인식 자체가 거의 없을 때였다. 하루는 친구들을 만났는데, 요즘 무얼 하냐는 질문을 받았다.

"유튜브에 영상 올리지."

"그런 거 말고 취업 준비 안 해?"

친구들 역시 그 일에 대한 이해도 자체가 없었던 것이다.

"좋은 대학 나왔으니 번듯한 회사에 들어가야지!"

이런 충고를 건네는 사람들도 많았다.

도티는 주변의 편견과 싸우는 게 어려웠다고 말한다. 좋은 대학을 나왔으면 누구나 알 법한 회사에 들어가서 남들이 다 괜찮다고 할 만한 일을 하는 것. 사람들은 그게 좋은데, 왜 그 길을 마다하느냐고 물었다.

하지만 지금 도티의 모습은 어떤가. 사람들의 워너비, 성공의 롤모델이 되어 있지 않은가. 이쯤에서 문득, 도티의 부모님들은 어떠셨을까 궁금해진다. 혹시 명문대를 나온 아들이 대기업에 들어가는 걸 원하지는 않으셨을까?

"부모님은 제가 뭘 하든 잘할 수 있는 걸 하길 원하셨어요. 걱정하시면서 내색을 잘 안 하셨던 걸 수도 있지만, 늘 제게 '스스로 알아서 할 거'라는 믿음을 보내주셨죠. 그래서 큰 부담 없이 시작할 수 있었어요. 믿어주시는 만큼 잘하고 싶은 마음도 있었고요."

10대 크리에이터, 당당하게 '방밍아웃' 하자!

도티의 이야기에서 알 수 있듯이 어쩌면 꿈을 인정하고 지켜봐주는 부모님의 너그러운 시선이, 스스로 자신의 열정을 증명해 보이도록 했는지도 모른다.

샌드박스 네트워크에 소속된 크리에이터 마루는 현재 중학교 3학년생으로, 유튜브 활동을 처음 시작한 건 초등학교 5학년 때부터다. 주변의 도움 없이 혼자 영상을 만들기 시작했고, 어느새 4년 차 크리에이터의 위엄을 보이며 상당한 인기를 얻고 있다.

그럼에도 마루를 영입할 당시 샌드박스와 부모님이 가장 중요하게 생각한 것은 그가 학업을 병행하는 학생이라는 점이었다. 그리고 진로에 대한 생각이 바뀌면 언제든 크리에이터가 아닌 다른 일을 할 수 있다고 가능성을 열어두는 것이었다.

마루를 서포트 하는 샌드박스 네트워크 파트너십팀의 박전혜 매니저는 마루에 대해 이렇게 말한다.

"학업과 병행하는 데 지장이 없도록 어머님이 가끔씩 편집을 도와주실 뿐 콘텐츠는 마루가 책임지고 제작합니다. 재능이 넘칠 뿐 아니라 스스로 자기 일에 열정과 책임을 다하는 모습이 놀라울 정도예요. 그래서 부모님도 크리에이터 활동을 적극적으로 지원해주셨죠."

부모님 몰래 유튜브 활동을 하는 10대들이 많다. 하지만 활발히 활동하고 있는 또래 크리에이터들은 몰래 숨어서 하지 말고 당당하게 '방밍아웃'을 하라고 권한다. 자신의 재능과 열정을 증명하는 용기도 꿈을 이루는 과정의 하나이니까 말이다. 하지만 그러기 위해서는 무엇보다 부모님이 믿고 기다릴 수 있도록 설득하고 이해시키는 노력을 해야 한다. 아울러 부모 역시 아이를 믿고 기다려주어야 한다. 때로는 아이들 스스로가 원하는 것을 시도해볼 수 있도록 한 발짝 떨어져서 지켜봐주는 것도 사랑이다. 스스로 꿈을 탐색하고 발견할 수 있도록. 자기 삶을 좀 더 사랑할 수 있도록.

저도 샌드박스에서 일하고 싶습니다

"제 꿈은 샌드박스 네트워크에 입사하는 거예요."

"도티 같은 크리에이터가 되고 싶어요."

"요즘은 구글보다 샌드박스가 10대들에겐 더 인기죠."

포털 사이트에 '샌드박스 네트워크'를 검색하면 '샌드박스에 입사하는 법', '크리에이터 되는 법' 등이 연관검색어로 뜰 정도다.

요즘 10대들에게 1인 크리에이터가 무척 큰 영향을 미치는 것처럼, MCN에 대한 관심도 상당하다. 특히 10대들이 좋아하는 크리에이터들이 모두 모여 있는 샌드박스 네트워크는 관심의 대상일 수밖에 없으며, 가장 가고 싶은 꿈의 회사로 불리기도 한다.

다양한 시도와 실패가 허락되는 곳

샌드박스 네트워크는 한마디로 말해 디지털 엔터테인먼트 회사다. 2014년 설립했으며, 구글 출신의 이필성 대표와 도티(나희선 이사)가 공동 경영을 하고 있다. 도티, 잠뜰을 비롯해 인기 크리에이터 150팀 이상이 소속되어 있고 회사 직원만 해도 100여 명으로, 무섭게 성장하고 있다.

오늘날의 샌드박스 네트워크가 있기까지 성공의 요인은 많겠지만, 이필성 대표는 다음 두 가지를 꼽는다.

첫째, 크리에이터들을 위한 회사를 만들고자 했다. 회사 설립 당시 다양한 크리에이터들이 사람들의 사랑을 많이 받고 있음에도 직업인으로 인정받지 못하는 분위기였다. 또한 크리에이터들의 창작 활동이 거의 보호받지 못하는 상태였다. 이들을 보호할 수 있는 안전망이 있다면 크리에이터들이 활동을 하는 데 있어 훨씬 자유로울 것이라고 생각했다.

둘째, 크리에이터들끼리 모여서 소통할 수 있는 공간을 만들어주었다. 크리에이터는 일반 직장인들처럼 회사에 출근하지 않기 때문에 다른 사람과 부대끼며 일하지 않는다. 혼자 일하기에 자유로운 반면, 외롭고 불안한 직업이기도 하다. 이런 문제점들을 해결하기 위해 크리에이터들이 회사를 통해서 연결된 힘을 가지면 좋겠다는 바람이 있었다.

회사 이름을 '샌드박스 네트워크'로 결정한 데도 이런 의미가 포함되어 있다. 처음 나온 아이디어 중 크리에이터스 유니언(Creator's Union)이 있었다. 크리에이터들이 연합하고 힘을 합쳐 더 좋은 콘텐츠를 만들었으면 좋겠다는 생각에서 나온 회사명이다. 약자 CU를 로고로 만들면 어떨까 하던 무렵, 편의점 훼미리마트가 CU로 바뀌면서 그 이름을 포기했다.

그러던 어느 날 이필성 대표의 눈에 띈 것은 '샌드박스'라는 단어. 그는 샌드박스 네트워크를 설립하기 전, 구글에 다녔는데 샌드박스는 그곳의 개발자들이 자주 쓰는 용어였다. 구글러들은 결과물을 만들어 실제 제품을 출시하기 전에 프로그램에 부하를 줘보기도 하고, 이것저것 시도하며 테스트를 해본다. 바로 이런 환경을 샌드박스라고 부른다.

또한 미국의 아이들은 상자 안에 모래를 넣어놓고(샌드박스), 거기다가 물을 뿌리고는 성, 자동차, 동물 등 자신이 원하는 모양을 만들고 허물면서 논다. 그야말로 원하는 대로 모양을 만들어낼 수 있는 창작물이다. 이 과정들은 성공으로 가기 위한 다양한 실험이며, 그 안에는 실패도 포함된다.

이런 의미를 담아 회사 이름을 샌드박스 네트워크라 짓게 된 것이다.

"창작자들은 콘텐츠를 만드는 것도 중요하지만, 실패하는 것도 중요하다고 생각합니다. 만들어보고 실패해보고 부숴보고 맘대로 자기 창의성을 극대화할 수 있는 샌드박스와 같은 환경을 제공하자는 게 '샌드박스'라는 이름을 짓게 된 이유였어요. 그들이 연결되면 더 시너지 효과가 있겠다는 생각에 네트워크를 넣었고요."

이는 크리에이터뿐 아니라 직원들에게도 적용된다. 샌드박스 네트워크는 기본적으로 자율적인 회사다. 명확한 목표와 기대 효과가 있고, 다른 사람을 설득할 수 있다면 예산이 많이 들고 위험이 크다고 해도 시도해볼 수 있다. 그리고 최선을 다했다면, 실패해도 괜찮다. 실패가 허락되지 않는다면 새로운 분야에 뛰어들어 창조적인 것을 만들어내는 회사가 아니니까.

샌드박스에서 가장 소중히 여기는 것

"마루 님 샌드박스 소속! 대단하다! 성공했네요~~!"

샌드박스 네트워크 소속이 된 크리에이터 마루. 많은 시청자가 이제 유명 크리에이터들과 함께하게 되어 좋겠다는 이야기를 한다. 마루의 학교 친구들은 이렇게도 묻는다.

"도티 님 봤어? OO 님 봤어?"

샌드박스에 소속이 되기 전에는 '어디 소속이냐', '소속사도 없냐', '소속사에 왜 안 들어가냐' 같은 질문도 많이 받았다. 전에는 저작권 문제나 유튜브 정책 등을 혼자 알아보기도 힘들었다. 하지만 샌드박스에 소속된 후 함께 일하는 매니저에게 언제든지 궁금한 사항을 물어볼 수 있고, 다양한 교육 프로그램에 참가할 수도 있어서 크리에이터로서 실질적인 도움을 얻고 있다.

샌드박스 네트워크의 목표는 디지털 환경에서 사람들이 더 즐거운 시간을 보낼 수 있는 콘텐츠를 많이 만들어내는 것이다. 이를 위해 특히 관심을 갖고 집중하는 것이 바로 크리에이터다. 그들이 자기 역량을 최대화할 수 있도록 시스템을 만들고, 그들이 지닌 창의성을 극대화하기 위해 도움을 주는 것 말이다.

샌드박스 네트워크는 크리에이터를 중심으로 만들어진 회사이기에 크리에이터 중심적으로 사고하고 행동한다. 바로 이 점이 크리에이터들이 유독 샌드박스를 좋아하는 이유이기도 하다.

"이 광고는 크리에이터가 창작 활동을 하는 데 도움이 될까?"

"우리가 기획 중인 이벤트가 이 사람들이 창작 활동을 지속하는

데 효과가 있을까?"

이런 것들을 늘 고민하고, 그걸 중심으로 의사 결정이 이루어진다. 대표부터 디자이너, 매니저, 마케터에 이르기까지 예외는 없다. 회사가 조금 손해를 보더라도 크리에이터의 창작 활동에 도움이 되는 일이라면, 과감하게 결정하기도 한다. 크리에이터의 성장이 회사의 성장으로 이어진다는 믿음 때문이다.

언론사라면 기자가 발 빠르게 취재해 기사를 잘 쓸 수 있게 만들어주는 것이 중요하고, 레스토랑이라면 셰프가 맛있고 좋은 음식을 만들도록 도와주는 것이 제일 중요하다. 크리에이터들이 좋은 콘텐츠를 만들 수 있도록 집중할 수 있는 환경을 만들어주는 것, 자신의 역량을 최대로 끌어낼 수 있게 도와주는 것, 이것이 바로 샌드박스가 가장 중요하게 여기는 점이다.

샌드박스 소속 전과 후, 이렇게 다르다

"혼자서 했을 때는 고민을 이야기할 사람이 없었어요."

미스터리 애니메이션 분야의 독보적인 크리에이터 빨간토마토. 아무래도 크리에이터는 혼자서 일하는 시간이 많다 보니, 고민을 해결하는 데 한계가 있었다. 다른 크리에이터들과 만나서 이야기를 나눠도 서로 각자의 고민만 털어놓을 뿐, 문제가 잘 해결되지는 않았다.

그러다가 샌드박스 네트워크 소속이 되고, 전담 매니저가 생긴 후에는 함께 고민 해결을 위해 노력하고 있다. 특히 자신의 매력을 영상에 잘 드러내고, 개성이 돋보이는 채널을 만들기 위한 고민을 함께하면서 정말 큰 힘이 되었다.

빨간토마토는 샌드박스에서 크리에이터들을 위해 제공하는 섬네일 교육이나 스터디 활동에도 활발하게 참여하고 있다. 이전에는 단순히 인기 있는 크리에이터, 조회 수 높은 영상들의 트렌드만을 좇았다면, 샌드박스에서 제공하는 교육 프로그램을 통해 빨간토마토의 정체성을 비로소 찾게 되었다. 특히 스타 크리에이터들과의 스터디 프로그램은 다양한 시각을 배울 수 있는 기회였다. 샌드박스의 섬네일 교육 또한 성장의 계기가 되었다. 섬네일에 캐릭터를 넣기 시작하고, 샌드박스에서 제공하는 폰트 등을 활용해 콘텐츠와 상황에 맞는 섬네일 제작이 가능해졌다. 표현력, 기술적인 부분 모두에 많은 도움을 받은 것이다.

"마치 소속 전에는 아마추어였다면 회사에 들어오고 나서는 프로가 된 느낌? 크리에이터로서 실질적으로 많이 발전되었어요."

스터디를 하면서 다른 크리에이터들의 영상을 본 것도 많은 도움이 되었다. 이전에는 자신도 모르게 남을 모방할까 봐 다른 영상을 보지 않았다. 간혹 고립이 되는 듯한 느낌이 들기도 했다. 하지만 크리에이터 스터디 활동을 하면서 다른 장르의 크리에이터들 영상을 편하게 보게 되었다. 그러면서 유튜브를 더욱 즐기고, 영상을 보며 새로운 아이디어도 얻게 된 것이다.

게임 크리에이터 겜브링은 샌드박스 소속이 되면서 "스펙트럼이 많이 넓어졌다"고 강조한다.

"일주일에 한 번씩 미팅을 하면서 채널과 콘텐츠에 대해 이야기해요. 미팅을 하다 보면 생각하지 못했던 부분을 알게 되고, 아이디어도 많이 공유하게 되지요."

특히 처음 크리에이터 활동을 시작하게 되면 유튜브 트렌드나 통계적인 부분은 알기가 힘들다. 이러한 부분을 샌드박스에서 전문적으로 분석해주고, 채널의 성향이나 해외 트렌드를 공유한다.

겜브링은 특히 '사람들이 어떤 콘텐츠를 좋아하는지, 영상을 보다 어떤 부분에서 사람들이 이탈을 하는지'에 대한 분석이 콘텐츠 기획에 큰 영향을 끼쳤다고 한다.

"제 경우에는 게임을 하다가 죽으면 시청자 이탈이 굉장히 높았어요. 처음에는 게임을 하면서 죽지 않으려고 많이 노력했죠. 반응이 꽤 괜찮았어요. 하지만 제가 추구하는 겜브링의 이미지는 게임을 잘하는 이미지가 아니라 재미있는 이미지였어요. 그래서 죽더라도 재미있게 죽으니 이탈이 없더라고요!"

콘텐츠 성향에 따라 시청자들의 행동이 어떻게 변하는지를 샌드박스에서 통계적으로 분석해준 것이 매우 효과적이었다.

어떻게 하면 크리에이터가 될 수 있나요?

크리에이터가 되기 위해서 특별한 자격이 필요한 것은 아니다. 사업을 하는 것처럼 큰돈이 필요하지도 않다. 원한다면 누구라도 지금 당장 유튜브에 영상을 올릴 수 있고, 크리에이터에 도전할 수 있다. 앞서 말했듯이 인기 크리에이터가 되면 잘나가는 연예인만큼 인기를 얻고, 돈도 많이 벌 수 있다.

이런 말을 들으면 귀가 솔깃해진다. 크리에이터란 원하기만 하면 누구나 다 될 수 있고, 크리에이터가 되기만 하면 모두 부자가 되는 꿈의 직업으로 보이는 것이다. 큰 노력 없이도 금방 성공에 닿을 수 있는 것처럼 느껴지니 말이다. 하지만 정말 그럴까?

당연히 그렇지 않다! 크리에이터의 세계란 원하기만 하면 누구나가 성공할 수 있는 마법의 세상이 아니다. 누구에게나 기회가 열려 있지만 결코 쉽지 않은 길이기도 하다.

어떻게 하면 크리에이터가 될 수 있을까? 성공하는 크리에이터에게는 특별한 비결이라도 있는 것일까?

내가 좋아하는 것을 원하는 형태로 만든다

크리에이터는 주로 혼자 일을 하다 보니 기획부터 촬영, 편집까지 전부 자신이 책임을 진다. 누가 특별히 간섭하거나 제재하지 않으며, 기획이나 연출의 제약도 없고, 유통도 간편하다. 말 그대로 디지털 세상에 내 흔적을 마음껏 남길 수 있는 일이다. 물론 촬영이나 편집에서 다른 사람의 도움을 받는 경우도 있고, 팀을 꾸려 전문가의 도움을 받기도 하지만 대체로 혼자 일한다.

우리가 잘 알고 있는 TV 방송국이나 영화제작사, 프로덕션 같은 대규모 미디어의 경우에는 이해관계자들이 복잡하게 얽혀 있다. 프로그램을 제작하고 송출하는 방송국이 있고, 연예인 등 사람을 관리하거나 프로그램을 자체 제작하기도 하는 엔터테인먼트가 있다. 기획과 제작만 전문적으로 하는 프로덕션이 따로 있는 경우도 많다. 그러다 보니 의사 결정이 빠르지 않고, 조건도 많아 움직임이 느리다. 수많은 사람들이 연관되다 보니 많은 이익을 내야 한다는 점에서도 압박이 크다.

반면 크리에이터는 혼자 진행하기 때문에 기획이나 연출에서 트렌드에 신속하게 대응할 수 있다. 무엇보다 콘텐츠를 제작하는 데 비용이 거의 들어가지 않는다. 강요하거나 제약을 가하는 사람이 없으니 자신이 원하는 것을 촬영하면 된다. 돈이 많이 들지 않으니, 실패에 대한 두려움도 적다. 이보다 자유로울 수 없다.

그런데 바로 이 점이 중요하다. 만들기 간편하고 자유롭다고 해서 아무렇게나 대충 해도 된다는 뜻으로 오해해서는 안 된다. 혼자 일하기 때문에 더 많이 긴장하고, 더 많이 성실해야 하며, 더 많이 책임져야 한다. 성공의 기쁨도 패배의 쓴맛도 오직 혼자 짊어지고 가야 한다.

20분짜리 영상 뒤에 숨겨진 비밀

"와, 좋아하는 일 한 가지만 있다면 누구나 크리에이터가 될 수 있다고? 그럼 당장 학교 때려치울까?"

"영상만 잘 찍으면 돈을 번다니… 놀고먹는 일인 거네!"

"간섭하는 사람도 없는데 적당히 대충대충 하면 되지."

정말 크나큰 오해다. 이런 마인드로 섣불리 크리에이터에 도전하는 것은 위험하다.

크리에이터는 놀면서 대충 할 수 있는 일이 아니라 '현실적으로 굉장한 중노동'이라고 도티는 말한다. 다만, 좋아서 하는 일이기에 즐겁게 일하는 것일 뿐 노력과 성실성은 다른 직업에 비해 덜하지 않다는 것이다.

"매일매일 영상을 올린다는 게 정말 어려운 일이에요. 잘 모르는 사람들은 '하루에 20분 게임 하는 영상 올리는 게 뭐가 어렵겠어'라고 생각하기도 해요. 하지만 20분짜리 영상을 만들기 위해 적게는 2~3시간에서 많게는 4~5시간 동안 촬영해야 하고, 편집하는 데만 7~8시간 이상이 들어요."

도티의 말처럼 15분, 20분짜리 영상을 만드는 데 드는 시간은 상당하다. 보는 이들은 '몇 분 안 되는 영상'이라 별로 어렵지 않게 만들 거라 생각하지만 실상은 그리 간단하지 않다. 액체괴물로 유명한 츄팝의 경우, 영상 한 편을 만들기 위해 거의 2~3일 정도가 필요하다고 한다.

무엇보다 정해진 시간에 꾸준히 영상을 업로드 하기 위해서는 긴장을 늦출 수 없다. 크리에이터들은 매일 마감에 쫓겨서 사는 것과 마찬가지다. 그뿐인가? 그 어떤 매체보다 피드백이 빠르기 때문에 매일 사람들에게 숫자나 댓글로 평가받아야 한다. 출퇴근하는 일이 아니다 보니, 주말이나 공휴일도 따로 없다. 시간 관리를 제대로 못 하거나 일을 미루게 되면, 쉬면서도 일하는 심정으로 지내야 한다.

취미로 영상을 올리는 사람들이라면 상관없지만, 직업인으로서 크리에이터가 된 이들에게는 늘 새로운 기획, 남다른 편집, 성실함, 시간 관리 등이 무엇보다 중요하다. 자기 관리를 못하면 꾸준히 영상을 만들어 주기적으로 업로드 하는 사이클을 지킬 수 없기 때문이다. 영상 업로드가 들쭉날쭉하거나 공백이 길어지면 시청자들은 기다리지 않는다. 그들은 냉정하게 등을 돌리고, 다른 크리에이터의 영상을 찾아 금세 떠나버리고 만다.

나는 정말 크리에이터가 되고 싶은 걸까?

크리에이터라는 직업은 겉으로 보이는 것처럼 마냥 자유롭고 즐겁기만 하지 않다. 그래서 굉장히 신중하게 접근할 필요가 있다.

내가 진짜 좋아하거나, 잘하거나, 잘 아는 분야를 선택해 콘텐츠로 만드는 게 중요하다. 너도나도 유튜브를 한다니까 막연한 마음으로 도전하거나, 사람들에게 인기 있는 분야라는 이유만으로 무작정 따라 해서는 오래 하기 어렵다.

최근에는 돈을 벌기 위해 크리에이터에 도전하는 사람들도 많이 늘어나고 있다. 이들은 주로 조회 수를 높여 돈을 버는 것에 관심이 있다 보니 무조건 '센' 콘텐츠 위주로 자신의 채널을 꾸리고 있다. 하지만 제대로 된 마음의 준비 없이 오로지 돈이 목적이라면… 그 일이 과연 잘될 수 있을까? 자극적이고 선정적인 콘텐츠를 만들어서 내보내는 이들이 많은데, 이래서는 꾸준히 응원해주는 팬을 많이 확보하기 어렵고 평판도 금세 나빠진다. 무엇보다 중요한 것은 자기 콘텐츠에 대한 애정과 책임 의식이다.

앞서 말했듯이 크리에이터란 기획부터 촬영, 편집까지 전 과정을 스스로 책임져야 한다. 이 모든 과정에는 성실함과 책임감이 따르기에 자신이 좋아하는 분야가 아니라면 지속하기가 힘들다. 하기 싫은 일을 억지로 한다면 과연 잘할 수 있을까? 무엇보다 마지못해 하는 일은 시청자가 먼저 알아챈다.

크리에이터를 꿈꾼다면 자신에게 이런 질문을 던져보자. 내가 좋아하거나, 잘하거나, 잘 아는 분야는 뭘까? 그중 하나라도 있다면 다음 질문으로 넘어가자.

그 일에 얼마나 열정을 쏟을 수 있을까?

그 일을 한다면 정말 행복할까?

이필성 대표가 직접 알려준다!
MCN이란? 샌드박스 네트워크란?

샌드박스 네트워크는 여러 크리에이터가 소속되어 있는 디지털 엔터테인먼트 회사로, MCN 회사 중 하나입니다. 그럼 MCN이란 대체 뭘까요?

MCN은 다중 채널 네트워크(Multi Channel Network)의 약자인데요. 아주 단순하게 말하자면, 1인 미디어 크리에이터들의 콘텐츠 제작 활동을 지원하고 새로운 사업 기회를 창출하는 사업이죠.

휴대폰이든 카메라든 동영상만 촬영할 수 있으면 누구든 자신이 찍은 영상을 플랫폼에 올릴 수 있고, 여러 사람들과 공유할 수 있는 세상입니다. 그러다 보면 유독 많

은 사람들이 좋아해주는 인기 영상이 나오게 마련이죠.
물론 플랫폼은 유튜브, 트위치, 페이스북, 인스타그램…
그 외에도 아주 다양합니다.

유튜브를 비롯한 이들 플랫폼들은 인기 있는 콘텐츠를
만들어 올리는 사람들에게 광고 수익의 일부를 나눠주고
있습니다. 1인 창작자들이 만든 동영상을 많은 소비자들
이 시청하면 그만큼 광고 효과는 높아지니까요.

1인 창작자들의 인기가 올라가면 활동 범위도 커지게
됩니다. 그래서 크리에이터는 콘텐츠 제작에 집중할 수
있도록 하고, 수익이나 마케팅 활동 등을 대신 관리해주
는 매니저가 필요해졌습니다. MCN 회사는 이런 채널 여
러 개를 묶어 1인 창작자들의 동영상 제작을 지원하고

관리해주는 동시에 다양한 사업의 기회를 창출하는 역할을 합니다.

이런 콘텐츠 유통방식의 간편화는 전 세계 사람들을 연결하고 있습니다. 그리고 콘텐츠의 소비도 TV로 대표되는 레거시 미디어(Legacy Media)에서 디지털 플랫폼 중심으로 전환되는 중입니다.

샌드박스 네트워크도 이런 MCN 회사들 중 하나입니다. 그리고 창작 활동을 하는 다중의 사람들이 모여 서로 연결되고 시너지를 낸다는 의미에서 '샌드박스 네트워크'라는 회사명을 붙였죠. 같은 맥락에서 'We Create Better Together'라는 슬로건이 있습니다. "우리와 함께했을 때 창의적이고 창조적인 것들을, 더 많이 더 좋게 창조할 수 있도록 만들어준다"는 뜻이 담겨 있지요.

다른 콘텐츠 사업자들이 그러하듯 샌드박스 네트워크도 유튜브 플랫폼, 광고, 라이선싱, 방영 등 다양한 수입원이 있습니다. 하지만 단기적인 수익 창출보다는 우리 회사, 그리고 크리에이터들이 장기적으로 더 큰 가치를 창출하는 브랜드를 구축하는 것이 목표입니다.

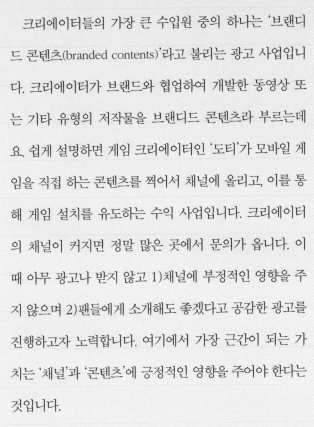

크리에이터들의 가장 큰 수입원 중의 하나는 '브랜디드 콘텐츠(branded contents)'라고 불리는 광고 사업입니다. 크리에이터가 브랜드와 협업하여 개발한 동영상 또는 기타 유형의 저작물을 브랜디드 콘텐츠라 부르는데요. 쉽게 설명하면 게임 크리에이터인 '도티'가 모바일 게임을 직접 하는 콘텐츠를 찍어서 채널에 올리고, 이를 통해 게임 설치를 유도하는 수익 사업입니다. 크리에이터의 채널이 커지면 정말 많은 곳에서 문의가 옵니다. 이때 아무 광고나 받지 않고 1)채널에 부정적인 영향을 주지 않으며 2)팬들에게 소개해도 좋겠다고 공감한 광고를 진행하고자 노력합니다. 여기에서 가장 근간이 되는 가치는 '채널'과 '콘텐츠'에 긍정적인 영향을 주어야 한다는 것입니다.

크리에이터들이 '콘텐츠'에만 보다 더 집중할 수 있도록 수익을 다각화하는 노력 또한 계속하고 있습니다. 콘텐츠 유행에 따라 채널의 성장 또한 변동이 심하고, 광고 시장 역시 그에 맞춰서 움직이기에 크리에이터들은 수익적으로 불안함을 느끼곤 합니다. 이에 IP(Intellectual Property, 지식재산권: 문학, 예술, 방송, 공업 등 지식 활동에서 발생하는 모든 권리. 크리에이터들의 콘텐츠, 캐릭터 등 모든 창작물의 저작권 및 상표권이 포함된다)와 관련된 조직을 만들어서 크리에이터들의 수익 다각화를 함께 고민할 수 있도록 하고 있습니다. 크리에이터의 지식재산권을 개발하고, 이를 활용하여 다양한 상품을 출시하는 것이지요.

실제로 '샌드박스 프렌즈'를 런칭하면서 '도티·잠뜰'의 캐릭터를 활용한 여러 상품들을 출시하였고, 시장 반응이 뜨거웠습니다. 팬들 입장에서는 내가 사랑하는 크리에이터를 상품을 통해 직접 경험할 수 있고, 크리에이터 입장에서는 또 다른 든든한 수입원이 생겨서 더 안정적으로 콘텐츠에 집중을 할 수 있게 된 것입니다.

이외에도 케이블 TV에 콘텐츠를 판매하거나 공급해서 수익을 내고, 유튜브를 보지 않는 소비자들에게도 크리에이터들을 노출할 수 있게 하였습니다. 카카오 이모티콘, 모바일 게임, 컬러링 앱 등을 통해 다양한 시도를 하면서 크리에이터와 팬들 모두 즐겁게 즐길 수 있는 사업 기회들을 찾고자 노력하고 있지요.

샌드박스 네트워크는 MCN이라는 표현에 얽매이고 싶

지 않습니다. 온라인계의 방송국, 온라인 연예기획사, 온라인 프로덕션… 하나로 규정할 수 없는 다양한 형태의 모델이 나올 거라 생각합니다. 이 산업 전체가 다 같이 발전하길 바라고 있고요. 혼자보다는 함께 갈 때 더 멀리 갈 수 있으니까요.

이 책을 읽고 있을 미래의 크리에이터분들과 샌드박스 직원이 될 분들을 기다리고 있습니다. 멋진 모습으로 꼭 만납시다!

2장

크리에이터들은
어떤 노력을
하고 있을까?

BOX
ATOR

SANDBOX NETWORK (샌드박스 네트워크)　구독자 132,074명

융짐 저도 방송 하고 있어요. 부모님이 허락하면 샌드박스 네트워크 바로 직행할 거예요!

샌박 친구 샌드박스 사람들은 옛날에 꿈이 뭐였나요?

유녕이 크리에이터가 되면 소원이 없겠다~~!

지민tv 사람들이 제 영상을 더 많이 봐줬으면 좋겠어요.

풀밭 저 영어 포기했는데… 크리에이터가 되는 게 꿈인데… 고민이네요.

유미짱 크리에이터 되려면 저는 어떻게 해야 할까요?

채널 호야 웃음과 힘이 저절로 생기는 샌드박스 영상, 제가 만들어보겠습니다!!!! 저 좀 뽑아주세요!!!!

가장
중요한 것은 자신이
좋아하는 것을 알고,
좋아하는 것부터
조금씩 시작하는 것

시청자의
사랑을 받는
재미있는 콘텐츠를
만들기 위해

크리에이터들은
어떤 노력을
하고 있을까?

우리에게
필요한 것:
열정+노력+진지함

스스로에게 이런 질문을 던져보자. 나는 뭘 할 때 가장 재미있을까? 나는 뭘를 가장 하고 싶어 할까?

　게임 마니아라면 "밤새도록 게임하는 게 제일 좋아"라고 말할 테고, 드라마 덕후라면 "몇 날 며칠 방해받지 않고 드라마 몰아보기를 하고 싶어"라고 하지 않을까?

　좋아하면 재미있다. 시간 가는 줄 모르고 그 일에 흠뻑 빠져들어 몰입하게 된다. 공부할 때는 졸음이 쏟아져 그렇게도 감기던 눈이, 좋아하는 게임 또는 운동을 하거나 드라마와 영화를 볼 때는 밤을 새워도 초롱초롱 빛이 난다.

성우가 꿈이었던 라온과 띠미

"어릴 때부터 애니메이션을 좋아했던 저는 성우가 꿈이었어요. 집에 있는 낡은 라디오로 좋아하는 만화 속 캐릭터의 연기를 따라해보며 성우에 대한 꿈을 키웠죠. 연기뿐만 아니라 음악에도 무척 관심이 많아서 '노래하는 성우'가 되고 싶었어요."

고등학교 때 취업의 벽에 부딪히면서 치과위생사의 길을 택한 라온. 치과위생사 자격증을 취득하고 안정적인 직장을 얻은 이후에도 자신이 좋아하는 일을 포기하지 않았다. 취미로나마 다시 시작하고 싶은 마음이 들었던 것. 그래서 노래를 불렀고, 그것을 유튜브에 올리기 시작했다. 결국 좋아하는 일을 하다가 '노래하는 크리에이터'라는 제2의 직업을 갖게 되었다.

띠미는 중학교 3학년 때부터 크리에이터 활동과 학교 공부를 병행했는데, 아프리카TV BJ로 활동을 시작해서 유튜브로 옮겨 왔다. 어렸을 때부터 방송을 해왔기 때문에 꿈이 성우였다는 띠미는, 더빙도 하고 공채 시험을 준비하기도 했다. 이전에 활동하던 채널에 더빙한 영상도 서너 개 정도 있다.

인터넷 방송을 하다 보니 그쪽에 관심이 생겼고, 그 일을 더 잘하고 싶었다. 결국 연극영화과에 지원을 했는데, 당시 부모님을 설득하기 위해 그녀가 택한 방법은 자신의 재능과 노력을 보여주는 것이었다.

"막연히 이 일을 좋아한다고 말하기보다는 '내가 하는 일을 부모님께 직접 보여드리면 어떨까?'라는 생각을 했죠."

결국 띠미의 더빙 영상을 본 부모님은 딸이 연극영화과를 지망하고 연기 학원을 다닐 수 있도록 지원해주셨다. 딸의 꿈이 얼마나 진지한지, 그 꿈을 이루기 위한 열정이 얼마나 단단한지 알았기 때문이다.

"제 꿈이 성우이기도 했지만 성우라는 틀이 목표가 아니라 여러 사람에게 사랑을 받고 싶은 게 목표였어요. 크리에이터는 더빙뿐 아니라 연기도 할 수 있고, 뮤지컬, 노래 등 다양한 것을 할 수 있잖아요. 많은 사람들에게 사랑을 받을 수 있는 일에 저는 끌렸어요. 그래서 '이건 무조건 내가 할 일이다!'라고 생각했고, 바로 시작하게 되었죠."

중학생 크리에이터 마루, 부모님을 설득하다

"초등학교 5학년이었을 당시, 유튜브에 처음으로 영상을 올리고 부모님께 말씀드렸어요."

2018년 현재 중학교 3학년인, 10대 크리에이터 마루. 처음 영상을 제작할 때 부모님께서는 대수롭지 않게 여기셨다고 한다.

"그래? 한번 해봐."

단순히 재미로 뭔가 하나 보다, 생각하신 것 같다.

하지만 유튜브를 시작한 지 얼마 되지 않아, 악플러와의 댓글 싸움이 시작되었다. SNS로도 싸움이 번지고 사건이 꽤 커지면서 마루의 부모님은 일을 해결하기 위해 사이버 수사대까지 찾았다. 이런 어려움을 겪으면서 마루의 어머니는 급기야 유튜브 활동을 반대하기 시작했다. 물론 마루는 접을 생각이 없었지만!

이때 마루는 구독자 3,000명을 뒤로하고 5개월이라는 짧다면 짧고 길다면 긴 휴식 기간을 보냈다. 마루는 쉬는 동안 유튜브 활동을 계속하고 싶다고 진지하게 부모님을 설득했다. 끈질긴 설득 끝에 어머니는 승낙을 하셨지만 조건이 있었다.

댓글에 대한 답변은 일체 금지!

영상만 찍어 올릴 것!

아버지는 적극적으로 지지해주셨기 때문에 이 조건을 지키면서 마루는 다시 유튜브를 할 수 있게 되었다.

현재 마루의 부모님은 마루를 열렬히 지지해주고 있다. 크리에이터의 길이 좋아서 크리에이터로 열심히 활동하는 마루지만, 하고 싶은 일이란 언제 바뀔지 모르는 법. 혹시 나중에 다른 쪽으로 진로를 바꾼다고 해도 마루의 부모님은 무한 지지할 준비가 되어 있다고 한다.

좋아하는 일에 집중하자

좋아하는 일이 취미로 멈추거나, 관심 분야로 남기도 하지만 그 일이 직업이 되기도 한다. 좋아하는 일을 직업으로 삼을 수 있다면 그것이야말로 최고의 행복 아닐까? 그 행복을 쥔 사람은 다름 아닌 백수골방.

"가장 오래전부터 가져왔던 꿈은 작가였어요. 소설이든 영화 시나리오든 어떤 이야기를 만들어서 사람들에게 들려주는 일을 하고 싶었지요."

백수골방은 글 쓰는 일을 좋아했다. 작가가 되고 싶어 대학에서 신문방송학을 전공했고, 졸업하자마자 방송국 입사 시험을 준비했다. 그러나 딱 한 시즌만 준비해본 뒤 바로 그만두었다. 시험만으로 사람의 재능을 판단하는 기준을 이해하기 어려웠기 때문이다.

"방송 콘텐츠를 만들 수 있는 사람을 뽑아야 하는데 뒤돌아서면 잊어먹을 상식 문제들만 내놓는 점이 이해가 안 갔어요. 실기 시험이나 포트폴리오 검토의 단계가 전혀 없는 점도 그렇고요."

백수골방은 대학교 때 동아리 활동을 하면서 장편 다큐멘터리도 직접 제작했었는데, 안타깝게도 그런 장점을 부각시킬 기회가 단 한 번도 없었다.

사실 좋아하는 일에 도전하는 과정이 그리 쉽지는 않다. 전공 공부를 해야 하고, 취업 혹은 시험이라는 관문을 통과해야 한다. 많은 사람들이 그 앞에서 좌절하거나, 이상과 현실의 괴리 때문에 포기해버린다. 하지만 백수골방은 조금 다른 선택을 한다.

'기존의 방송사 사람들이 날 인정해주지 않고 기회를 주지 않는다면 내가 기회를 만들어보자. 그래, 그러면 되겠다'라는 생각을 한 것이다. 마침 크리에이터라는 직업이 생겨나고 있던 시점이라 이런 그의 생각은 맞아떨어졌다. 그리고 '영화 리뷰'라는 그만의 콘텐츠를 만들어낼 수 있었다. 이때 정말 중요한 것은 자신이 좋아하는 분야를 선택해야 한다는 점이다.

"크리에이터란 일을 직업으로 삼으려면 자신이 정말 좋아하는 분야를 선택해야 한다고 생각해요. 향후 몇 년 동안 꾸준히 콘텐츠를 만들어내려면, 그 안에 녹여낼 수 있는 충분한 경험과 배경지식이 뒷받침되어야만 하거든요."

백수골방이 영화 리뷰 채널을 만든 것도 이런 이유에서다. 중학생 때부터 비디오 대여점을 들락거리면서 영화를 계속 봐왔고, 그래서 할 수 있는 이야기가 많을 거라 생각했기 때문이다.

그가 영화 리뷰 채널을 만들면서 결심했고, 지금도 지키기 위해 노력하고 있는 단 하나의 원칙은 이것이다. "사람들이 영화를 더 사랑할 수 있게 도와주는 채널을 만들자."

심오하고 철학적으로 영화를 사유하는 이들도 있지만, 사실 영화는 흔한 오락거리 정도로 치부되곤 한다. 데이트 코스의 하나이거나, 두어 시간 즐기는 볼거리 정도로 여겨진다. 백수골방이 영화 리뷰를 시작한 데는 이런 분위기에 대한 안타까움도 한몫을 한다.

"영화에서 삶의 깊이와 저 자신을 이해하는 법을 배웠거든요. 그래서 제가 가졌던 그 경험들이 다른 사람들에게도 전달될 수 있는 콘텐츠를 만들려고 해요. 영화를 통해 삶을, 그리고 스스로를 돌아볼 수 있는 기회가 되었으면 하는 바람을 항상 가지고 있어요."

크리에이터 라온, 띠미, 마루, 백수골방은 남들이 하는 걸 따라 하기보다 내가 좋아하는 일에 집중하는 것이 얼마나 의미 있는지를 보여준다. 본인이 좋아서 즐기면 시청자도 고스란히 그 즐거움에 같이 빠져든다. 좋아서 하는 일을, 마지못해 억지로 따라 하는 사람이 넘어설 수 있을까? 원대한 꿈과 목표를 갖기 전에 이것부터 생각해보자.

나는 어떤 일에 재미를 느낄까?

제대로 즐기며 몰입할 수 있는 일은 무엇일까?

꿈≠직업,
더 큰 그림을
그리자

"부모님은 문과에 지원해서 경영학을 전공하라고 하시는데… 나는 사실 노래하는 게 꿈이야. 하지만 노래 실력도 평범하고, 부모님께 그런 말을 했다간 당장 집에서 쫓겨날걸."

"화가가 되고 싶었는데…. 이미 너무 늦은 거 아닐까?"

"안도 다다오 같은 건축가가 되고 싶어. 건축가가 되는 데도 재능이 필요한 걸까?"

"조류학자가 되려면 이과에 가야 하는데, 수학이 너무 싫어."

좋아하는 게 있어도, 때로는 좋아하는 마음만으로는 부족한 현실에 부딪히게 된다. 이럴 때 크리에이터들이 말하는 돌파구란 어떤 것이 있을까?

개그맨이 되고 싶었던 장삐쭈

어린 시절 장삐쭈는 개그맨이 되고 싶었다고 한다. 친구들 웃기는 걸 좋아했는데, 어느 정도였느냐 하면 친구들을 웃기기 위해 학교에 다닐 정도였다.

"쉬는 시간에 애들을 어떻게 웃겨주나, 저는 그 생각으로 수업시간을 채우곤 했어요. 쉬는 시간만 바라보면서 살았죠."

장삐쭈는 사람들을 웃겨주는 일이 세상에서 가장 즐겁다. 사람들이 웃으면 자신의 기분도 덩달아 좋아지기 때문이다. 더빙 영상을 만드는 일도 사실은 그 연장선상이라 할 수 있다.

"지금도 대본을 쓰는 일이 무척 즐거워요."

사람들이 재밌어서 키득대거나, 혹은 촌철살인의 말맛으로 박장대소할 걸 생각하면 글을 쓰면서부터 이미 신이 난다.

흥이 오르고 아이디어가 넘칠 때는 대본을 20분 만에 후딱 써내기도 한다. 어울리는 영상을 찾아 더빙하는 일까지 한달음에 진행될 때도 있다. 좋아서 하는 일이 주는 힘이다. 거기엔 분명 사람들의 웃음 포인트를 제대로 읽어내는 그의 재능도 한몫을 한다. 좋아서 하는 일이기에 억지로 하는 일과는 다른 포텐이 터지는 것이다.

츄팝, 디자이너에서 크리에이터로

츄팝의 꿈은 디자이너였다. 하지만 막상 회사에 다녀보니 디자인을 배우면서 꿈꾸던 것과 현실은 꽤 달랐다.

"회사 다닐 때는 제가 창의력을 발휘해 디자인한다는 느낌보다, 사람들이 원하는 것에 맞춰서 설계만 해주는 느낌이었어요."

창의적인 아이디어를 마음껏 구현하고, 새롭고 신선한 디자인을 하며 꿈을 펼칠 것이라던 기대감은 현실의 벽에 부딪혔다. 고객이 원하는 디자인 혹은 유행에 맞춰 잘 팔리는 디자인을 해내야 했다. 그러다 보니 자신이 추구하는 스타일은 빛을 보지 못했다.

그래서 그는 과감한 결단을 내린다. 일을 계속하다가는 디자인을 좋아하는 마음까지 훼손될지도 모른다는 생각에 디자인을 과감히 포기한 것이다. 그는 자신이 주도권을 쥐고 할 수 있는 새로운 일이 뭘까 하고 찾던 중 크리에이터라는 직업을 발견한다. '회사에 얽매이거나 다른 사람의 간섭 없이 혼자 하는 일이라면 내가 잘할 수 있지 않을까?' 놀랍게도 크리에이터란 일은 그와 잘 맞았다. 그리고 디자인과 전혀 관련 없을 것 같던 이 일에서 디자이너로서의 그의 감각은 은연중 발휘된다.

츄팝은 액체괴물로 갖가지 콘텐츠를 만든다. 다양한 색들이 뒤

섞이며 펼쳐지는 색의 향연을 보고 있으면, 색에 대한 깊은 이해를 엿볼 수 있다. 또 다양한 소재를 혼합해 희한한 형태를 만들어내기도 하는데, 이런 다양한 시도도 디자인 감각 덕분이다.

풍월량, 내 어릴 적 꿈은 만화가

풍월량은 만화가가 되고 싶었다. 하지만 친구들과 잘 어울려 놀던 활발한 성격의 그도, 고등학교 2~3학년 때 우울한 사춘기를 맞게 된다. 만화가 좋아서 만화를 즐겨 보고, 끊임없이 연습했지만 원하는 만큼 실력이 늘지 않았기 때문이다. 꿈을 향한 열정에 실력이 미치지 못한다는 생각에 방황의 시기를 보냈다.

"만화가라는 직업은 밤을 새워 일할 때가 많아요. 밤에 일하면 사람의 감수성이 짙어진단 말이죠. 그래서 심한 건 아니었지만 고뇌에 빠졌던 시기가 있었어요. 20대 초반까지 그랬죠. 그런 감정을 잊으려고 오히려 게임에 더 빠져들기도 했고요."

본인이 하고자 하는 일에서 실력의 한계를 느끼면, 누구라도 좌절하게 된다. 풍월량도 그런 힘겨운 시간을 보냈다. 군대를 다녀와서 목표를 잃어버린 후, 뭘 해야 할지 고민하던 차에 게임 방송을 생각했다. 평소 게임을 좋아하기도 했고, 꿈을 잃고 방황하던 시기에 위안이 되는 것이기도 했다.

그는 마냥 실의에 빠진 채 우울한 얼굴로 있고 싶지 않았다. '시간을 때우며 놀기만 할 것이 아니라, 이 일을 제대로 해보면 어떨까?'라는 생각이 인터넷 방송의 시작이었다.

좋아하는 일이라도 실력이 안 따라줄 수 있다. 그럴 때 '나는 왜 이것밖에 안 될까?'라며 자책하지 말자. 세상엔 정말 많은 일들이 있으니까. 우리가 좋아할 만한 다른 일은 또 발견될 수 있다.

대기업 직원에서 크리에이터로, 말이야와 친구들

말이야와 친구들의 이혜강은 대기업에 다니다가 크리에이터가 된 경우다.

"저는 다양한 일을 해봤어요. 대기업도 다녔었고, 블로그 운영도 했었고, 지금은 강사도 하고 있죠. 직업이 꼭 하나여야 할 필요는 없다고 생각해요. 만일 그랬다면 저는 아직도 직장에 다니고 있었을 거예요. 그리고 이런 행복과 여유는 느끼지 못했겠죠."

이혜강은 크리에이터의 제일 좋은 점 중 하나가 모든 것을 스스로 조절할 수 있는 점이라고 말한다. 직장에 다니거나 강의를 하는 일도 물론 재미있었다. 하지만 결혼을 하고 아이가 생기면서, 직장에 다니며 아이를 돌보기가 굉장히 힘들 거라는 고민이 생겼다.

현실적인 고민 끝에 크리에이터 활동을 시작했는데, 정말로 잘한 결정이었다. 일이 적성에 맞고 즐거우니 좋은 콘텐츠를 만들 수밖에 없고, 삶이 더 행복해졌다. 게다가 일과 놀이가 딱히 구분되지 않아서 일에서 오는 스트레스도 훨씬 적은 편이다.

"아기랑 여행을 가면, 여행 가서 즐겁게 노는 현장을 영상으로 찍어서 편집해 올려요. 남편과 아기랑 함께 시간을 보내고, 여행도 하고, 추억도 쌓으면서 일도 하니까 좋을 수밖에 없더라고요. 특히 제가 키즈 채널을 운영하고 있기 때문에 저희에겐 더 맞춤이기도 하고요."

만일 그들이 대기업을 고집했다면 이런 변화가 가능했을까? 아마 다른 맞벌이 부부처럼 일하는 동안 아이를 맡겨야 하는 부담감, 주말이면 육아에 지친 힘겨움을 끌어안고 있었을 것이다. 혹은 둘 중 한 사람이 회사를 그만둬야 했을 수도 있다. 하지만 그들은 남들과 같은 길을 밟지 않았다. 남들이 좋다고 하는 대기업, 안정적인 직장을 포기한 결단력 덕분이다.

'말이야와 친구들'은 여섯 명의 출연진으로 이루어져 있으며,

PD와 편집자가 함께 일하고 있다. 편집을 비롯한 일부 전문 영역을 분업화하여 콘텐츠를 제작하니, 편집이 아닌 기획 등 핵심 역량에 좀 더 집중해 더 많은 채널을 운영할 수 있게 되었다. 이처럼 생각의 각도를 조금만 바꾸면, 전혀 새로운 길이 열리기도 한다.

당장 이루지 못해도 괜찮아

풍월량은 만화에 대한 꿈을 버리지 않았다. 언젠가 기회가 되면, 인터넷 방송 콘텐츠로 활용해볼 생각을 갖고 있다.

"지금 유명한 웹툰 만화가 중에서 방송을 하시는 분들이 굉장히 많아요. 트위치만 해도 이말년 작가님이나 레바 작가님도 계시고. 일러스트레이터나 다른 일을 하시는 분들이 인터넷 방송을 시작해서 잘되는 경우가 많죠."

중간에 직업을 바꾸거나, 동시에 두세 개의 직업을 갖고 있는 일이 점점 자연스러워지고 있다. 특히 크리에이터의 경우, 자기 생업과 유튜브 활동을 병행하는 이들이 많다. 뷰티 관련 일을 하면서 메이크업 영상을 올린다든지, 의사 선생님이 게임 방송을 한다든지. 병원 진료와 별개로 시청자를 대상으로 진료 상담을 하는 경우도 있다.

이렇게 자신이 좋아하는 일을 취미로 즐기거나, 직업과 접목한 예는 얼마든지 찾아볼 수 있다. 그러니 좋아하는 일에서 좌절을 겪었다고 너무 실망하지 말자. 당장 꿈을 이루지 못했다고 해서 꿈이 사라지는 건 아니다. 꿈은 언제든 자신이 원하는 모습으로 얼굴을 드러낸다.

또 꿈이 곧바로 직업과 같은 의미로 쓰이는 것도 아니다. 꿈을 꼭 직업이라는 개념에 한정시킬 필요가 있을까?

도티는 '꿈=직업'이란 등식에 늘 의문을 품었다고 한다. 꿈은 직업보다는 훨씬 더 크고 가치 있는 것, 궁극적으로 우리가 지향해야 할 어떤 것이 아닐까 하는 생각이 막연히 들었다.

"어릴 때 학교에서 장래희망을 적으라고 하는데, 거기 직업을 쓰는 게 마뜩잖았어요. 직업이 꿈이 되는 게 좀 억울했다고 해야 할까요. 더 크고 의미 있는 게 꿈이어야지 회사원, 변호사, 의사 되는 게 꿈인 건 아깝다고 생각했죠. 그래서 항상 '훌륭한 사람'이라고 적었어요."

어린 시절의 도티는 뭐가 될지는 잘 모르겠지만 '내가 하는 일을 통해 남들이 이로움을 얻고, 사회적으로 가치 있고 보람 있는 일이 훌륭한 일이 아닐까?'라는 생각을 했다. 어쩌면 그것이 그의 꿈이 없는지도 모른다. 그리고 지금 그는 그 일을 하고 있다.

'이거 아니면 절대 안 돼'라는 생각으로 자신의 가능성을 좁히지 말자. 어떤 일을 하느냐보다 그 일을 통해 무엇을 이루느냐가 더 중요하다는 것도. 우리가 할 수 있는 일은 세상에 널려 있고, 우리가 원한다면 꿈은 결코 사라지지 않을 테니 말이다.

재미있는 콘텐츠는 어떻게 만들까?

"웃음은 시대를 초월하고, 상상력에는 나이 제한이 없고, 꿈은 영원하다."

꿈을 현실로 이루어내며 디즈니랜드를 건설한 월트 디즈니는 이런 말을 남겼다. 디즈니가 아니었다면 우리가 그토록 좋아하는 애니메이션의 세계는 사뭇 달랐을 것이다. 그가 만들어낸 콘텐츠는 놀라운 상상력을 품고 있었고, 재미있었으며, 감동적이었다. 무엇보다 엄청난 인기를 끌며 애니메이션의 역사를 바꿔놓았다.

이처럼 좋은 콘텐츠는 일단 재미있어야 한다. 감동이든, 유익한 교훈이든, 감정적 공유든, 결국 중요한 것은 '얼마나 재미있느냐'다. 아무리 기발한 아이디어를 짜내고 아무리 열심히 만들어도 아무도 보지 않는다면 소용없으니 말이다.

신박한 아이디어로 사로잡아라!

한때 『공부가 가장 쉬웠어요』라는 책이 유행한 적이 있다. '공부가 재밌어요'라는 말을 들으면 '헉!' 하고 놀랄지도 모르겠다. 하지만 실제로 지적 궁금증이 일고, 그 호기심을 채워가며 재미와 즐거움을 느끼는 사람들이 있다. 남들은 지루하다며 연신 하품을 해대는 낚시도 좋아하는 사람은 또 얼마나 재미있어하는가.

사실 재미있다는 것은 굉장히 주관적인 영역이기 때문에 사람마다 그 포인트가 다르다. 물론 대중의 선호도라는 게 있긴 하지만. 그렇다면 크리에이터들이 올리는 영상, 혹은 인터넷 방송을 주도하는 1인 미디어의 콘텐츠는 어떤 부분에서, 어느 포인트로 재미를 만들어낼까?

"원래 저 만화의 대사가 저랬던 거 아냐?"

오래된 만화를 더빙하는 장삐쭈는 딱 들어맞는 대사의 쫀쫀함과 신박한 아이디어 때문에 보고 있으면 절로 배꼽을 잡게 된다. 그러나 이런 아이디어가 어느 순간 하늘에서 감 떨어지듯 뚝 하고 떨어지는 건 아니다.

재미난 영상, 시청자가 좋아할 만한 영상을 만들기 위해서 끊임없이 고민하는 게 가장 중요하다. 아이디어를 찾기 위해 다양하게 보고 듣는다. 지식과 교양, 실용적인 정보를 주는 콘텐츠가 아니라면 재미는 기본. 이는 크리에이터의 성향이나 자질과도 연계된다. 재미난 아이디어도 없고, 남들 앞에 나서는 것도 싫어하는 사람이 웃긴 영상을 올릴 수는 없다. 그러니 자기에게 어울리는 영상이 바로 재미있는 영상인 것이다.

장삐쭈가 만든 더빙 영상을 사람들이 재미있게 보는 데는 여러 이유가 있겠지만, 우선은 빠른 속도로 쉴 틈 없이 몰아치는 대사가 한몫을 한다.

"만일 제가 올리는 영상이 1분 40초라고 해볼까요. 그럼 시작부터 끝까지 건너뛰기를 할 수 없도록, 대사를 꽉꽉 채워서 빠르게 전개하고 긴장감을 잃지 않게 하죠. 아무 생각 없이 1분 40초를 후딱 보낼 수 있게 만드는 게 가장 큰 요인이라고 생각해요."

그의 콘텐츠를 보는 시청자의 스펙트럼은 꽤 넓은 편이다. 18세에서 24세까지를 핵심 층으로 보고 있긴 하지만 실제로는 중학생부터 직장인들까지 즐겨 본다. 그 이유는 다양한 세대들이 현실에서 직접 겪었을 법한 상황과 대사를 통해 공감대를 형성하기 때문이다.

"재미있는 콘텐츠는 먼저 공감대 형성이 중요하다고 생각해요. 전 학창 시절도 다루고 직장생활 이야기도 다뤄요. 그러다 보니 다양한 연령대가 공감할 만한 이야기를 다루게 되고, 시청자 스펙트럼이 넓은 편이죠."

액체괴물 영상의 힘은 '편집'

재미있는 영상을 만들기 위해서는 어떤 한 포맷을 잡고 그걸 우려먹기만 해서는 안 된다. 특히 문학, 음악, 영화, 만화 등 창조적 아이디어가 두드러지는 분야에서는 매너리즘에 빠진 작가가 자기 복제를 하는 일이 많다.

그래서 어떻게 하면 더 안 해본 걸 할 수 있을까, 어떻게 하면 사람들에게 더 신선함을 줄 수 있을까를 늘 고민해야 한다. 늘 똑같은 콘텐츠만 올린다거나, 뻔하고 비슷한 것들만 반복한다면 시청자는 금세 등을 돌린다.

그래서 츄팝은 늘 변화를 시도한다. 액체괴물이라는 한정된 소재 때문에 매일 똑같은 것만 만들어서는 시청자가 재미를 느낄 수 없기 때문이다. 그는 재밌는 콘텐츠를 만들기 위해 다양한 시도를 잊지 않는다. 어마어마하게 큰 사이즈의 액체괴물을 만들기도 하고, 생각지 못한 의외의 재료들을 섞기도 한다. 그런 시도를 할 때마다 머릿속으로 그렸던 것과는 또 다른 결과물이 나오기 때문이다.

특히 츄팝의 경우 편집의 힘을 강조한다. 시청자가 최대한 재미있게 볼 수 있도록 편집에 공을 들인다.

"제 영상을 보는 친구들한테 이야기하고 싶은 것이 있어요. 겨우 10분짜리 영상이지만, 그걸 만드는 데는 꼬박 이틀이 걸려요. 사실 제가 촬영하는 2~3시간 동안, 반죽하고 모양이 나오기까지 똑같은 걸 하게 되기 때문에 길고 힘든 시간이기도 해요. 근데 보는 사람은 재밌어야 하니까 그걸 효과적으로 압축하는 게 중요하죠."

10분 남짓한 영상이지만 떠들썩하고 분주하게 만드는 과정을 시청자가 최대한 즐겁게 볼 수 있어야 한다는 것이 그의 지론. 그래서 재료의 새로움도 고민하지만, 신선하고 기발한 편집에도 고민을 아끼지 않는다.

자기 점검은 필수

'내가 정말 재미있는 일을 하고 있는 걸까? 사람들에게 의미 있는 시간을 선물해주고 있을까?'

백수골방은 이런 고민으로 긴장감을 늦추지 않는다. 재미있는 콘텐츠를 만들기 위해 자기 점검을 많이 하는 것이다. 하던 일이니까 늘 같은 스타일로 반복하다 보면 신선함과 독창성을 잃어버리게 된다. 그래서 자신이 선택한 일이지만, 늘 점검을 하는 것이다.

"내가 선택한 일이고, 이 일을 지속시켜나가기 위해서는 그 고민에 대한 대답을 스스로 내놓기 위해 노력해야 한다고 생각해요. 왜냐하면 지금의 저는 혼자만의 능력이 아니라 지지해주시는 팬들의 응원으로 만들어진 부분들이 훨씬 더 크다고 생각하거든요."

그래서 그는 늘 새로운 무언가를 시도해보려 한다. 스스로 재미를 느끼고 새로운 힘을 얻을 수 있는 계기를 찾기 위해서다. 또한 백수골방 채널을 좋아하는 사람들에게 또 다른 이야기를 들려주기 위해서다.

영화 〈너의 이름은.〉이 개봉했을 때, 직접 극장을 대관해서 GV(Guest Visit, 감독·배우·비평가들과 관객이 영화를 함께 보고 의견을 나누는 것)를 했던 것도 이런 이유 때문이다. 학교 다닐 때만 해도 그가 사람들 앞에 나선다는 건 상상하기 어려운 일이었다. 열 명 정도의 사람만 앞에 있어도 손과 목소리가 떨리고 머리가 하얘졌으니까. 그런 그가 130명이라는 사람들 앞에서 영화에 대한 해설을 하기로 결심한 것은 놀랍고 대단한 도전이다. 그리고 그 일을 계기로 '백수골방'으로서 사람들 앞에서 할 수 있는 일이 더 많아졌다.

이런 도전이 그에게 변화를 선물했고, 더 재미있는 영화 리뷰, 시청자가 원하는 영화 리뷰를 하게 만든 원동력이 되었다.

"저에겐 어마어마한 도전이었죠. 그런데 지금은 정말 잘한 결정이었다고 생각해요. 저는 또 그만큼 새로워졌거든요."

처음에는 친구들과 여행 추억을 공유하기 위해 영상을 만들기 시작한 빨간토마토. 여행, 먹방, 레고 놀이 등 일상생활을 매일매일 올리다가 유튜브와 크리에이터 세계에 빠져들게 되었다. 영어교육을 전공하다 대학원에서 신학을 공부하던 빨간토마토는 지금은 자퇴하고 크리에이터에 전념하고 있다.

주로 랭킹 영상과 평소 많이 보던 북한 관련 뉴스를 업로드 하던 빨간토마토는 샌드박스에 소속되기 전부터 분야에 대해 많이 고민했다.

"북한이나 일반 상식은 저도 좋아하는 소재예요. 대중적인 관심 소재이다 보니 조회 수가 잘 나왔었어요. 그런데 어느새 소재가 떨어지니까 영상 업로드 하는 게 힘들더라고요. 시청자는 빨간토마토를 기대하는 게 아니라 콘텐츠 내용만 보고 사라진다는 것도 깨달았고요. 이후 제 콘텐츠의 독창성에 대해 깊게 고민했어요."

그러던 중 빨간토마토는 샌드박스 네트워크 소속이 되었고, 담당 매니저와 이 고민을 함께하기 시작했다.

"매니저님과 회의를 거쳐서, 가끔 업로드 하던 미스터리 콘텐츠인 '상상극장'을 집중적으로 올려보기로 했어요. 개인적으로는 미스터리를 그렇게 좋아하지 않았지만 빨간토마토만의 창의적인 콘텐츠가 필요한 시기였거든요. 고민 끝에 미스터리 · 괴담 콘텐츠를 메인으로 제작하기 시작했어요."

처음에는 타깃 시청자가 확 바뀌다 보니 걱정도 많이 했다. 하지만 이전에는 어르신부터 주부, 학생이었던 시청자가 중학생들까지 번졌다. 초반에는 좋지 않은 반응이 있어 잠깐 조회 수가 내려가나 싶었지만, 갑자기 확 오르기 시작했다.

이후 계속해서 캐릭터를 강조하다 보니 팬들도 내용보다는 빨간토마토에 등장하는 캐릭터에 애정을 갖고 관심을 갖기 시작했다. 비로소 빨간토마토의 독창적인 매력이 더해진 것이다.

매일 만나는
일상은
아이디어 보물 창고

번개 치듯 창의적인 아이디어가 떠오르고, 영감이 발휘된다면 얼마나 좋을까. 하지만 그런 경우는 아주 드물다.

"새롭고 기발한 발상은 어디 가서 찾아야 하나?"

"창의적인 생각들아, 모습을 드러내."

"오늘 제게 일용할 아이디어 하나를 내려주세요."

대개 고민에 고민을 거듭해야 아이디어가 떠오른다. 어떤 문제를 새로운 시각으로 바라본다거나, 아예 뒤집어보는 등의 역발상을 하다 보면 생각지 못한 아이디어들이 빼꼼히 고개를 내밀게 된다.

크리에이터들은 어디에서 아이디어를 얻을까? 혹시 그들은 타고나길 천재라 가만히 있어도 늘 아이디어가 홍수처럼 흘러넘치는 건 아닐까? 혹은 신의 계시처럼 아이디어의 빛줄기가 내려오는 건 아닐까?

고민하고 또 고민하는 크리에이터들

"번개 치듯 영감이 발휘되는 순간은 많지 않아요!"

대부분의 크리에이터들이 이구동성 이렇게 말한다. 신선하고 재미있는 콘텐츠를 만들기 위해서는 끊임없이 고민하고, 많이 보고, 많이 듣는 노력만큼 효과적인 것은 없다는 것이다.

특히 늘 경험하는 일상은 아주 소중한 경험의 보고라고 말한다. 영화, 책, 음악, 미술, 게임, 친구, 추억 등 우리 삶을 둘러싼 모든 것이 아이디어를 얻을 수 있는 터전이라는 것. 가족들과 함께 TV를 보다가도 아이디어를 얻을 수 있고, 친구나 이성친구와의 대화를 통해서도 아이디어를 얻을 수 있다. 즐겁고 행복했던 일, 힘들고 슬펐던 일, 혹은 아주 기분이 나빴던 일들도 모두 콘텐츠를 만드는 원천이 된다.

"아이디어를 얻기 위해 어딜 가든 슬라임에 들어갈 재료들을 살펴봐요. 필요한 게 있어 다이소에 가서도 재미있는 재료가 없을까

해서 찾아보죠. 이건 어떨까, 저것도 괜찮은데 하면서요. 그게 몸에 습관처럼 배어버렸어요."

츄팝에겐 세상 모든 것들이 슬라임에 들어가는 재료로 보인다. 방송을 보는 시청자들이 요청하는 게 굉장히 많은데, 그 또한 아이디어의 한 축이 된다. 시청자들이 요청하는 게 있으면 보기에 불쾌하지 않은 선에서 재료를 직접 골라서 만들기도 한다.

"시청자와의 소통이나 교감이 중요하죠. 그 과정에서 생각지 못한 아이디어가 나오기도 하니까요."

그런데 띠미는 콘텐츠 아이디어가 우연히 번개 치듯 떠오를 때가 아주 가끔 있다고 말한다.

"정말 아주 가끔 그럴 때가 있어요. 갑자기 '어? 이거 뭐야!' 하며 아이디어가 떠오르면, 매니저님께 전화를 하죠. 그렇게 탄생한 아이디어들도 있어요. 회사에 남장하고 출근하기, 남자로 하루 살아보기, 혹은 자는 친구들 청국장 냄새로 깨워보기 등의 아이디어였어요."

그중에는 실행되지 못한 것들도 있지만 순간순간 떠오르는 아이디어를 놓치지 않기 위해 늘 메모를 한다. 스쳐가는 아이디어만으로는 콘텐츠가 될 수 없기 때문에 메모한 뒤, 매니저와 의논을 하고, 다시 생각을 발전시키는 과정을 거친다.

띠미는 매니저와 기획 회의를 자주 하는데, 그 과정에서 서로의 생각을 나누고 융합하면서 아이디어가 더 풍성해진다. 고민을 계속하면서 거기에 아이디어를 덧붙이다 보면 좋아지는 경우가 많다.

예를 들어 '무'를 생각했는데, 덧붙여서 무를 웃기게 먹는 법으로는 무엇이 있을까? 무로 음식이 아닌 다른 걸 만들어볼까? 아니면 내가 직접 무로 변장을 해볼까? 이렇게 여러 방향으로 아이디어를 뿌려보기도 하고, 또 한 방향으로 모아보기도 한다. 띠미만의 브레인스토밍이라고나 할까?

"길을 걷다 보게 되는 모든 것들이 모두 콘텐츠고 아이템이기 때문에 늘 주변을 관찰해요. 저걸 가지고 뭘 해볼까 생각하면서 발상이 꼬리에 꼬리를 물고 자라나는 거죠."

가족도 내 콘텐츠의 소재가 될 수 있다

츄팝의 영상에는 어머니와 아버지, 동생 등 가족이 종종 등장한다.

"얼마 전까지만 해도 부모님과 함께 살았는데, 촬영을 하다 보면 부모님이 제 방에 들어오실 때가 있어요. 과일을 가져다주시기도 하고, 이것저것 묻기도 하시고요. 동생도 마찬가지예요. 그래서 대본 없이 자연스럽게 '너도 한번 만져봐', '엄마도 한번 해보세요' 하다 보니까 의외의 영상들이 만들어졌죠. 또 그런 장면들을 시청자들이 너무 좋아해주셨고요."

그러다 보니 어머니와 액체괴물을 만들기도 하고 아버지가 등장한 적도 있다. 슬라임도 영상 촬영도 익숙하지 않은 분들이라 신기해하면서 만드시는데, 그런 부모님의 모습을 보고 시청자들은 남다른 재미를 느낀다. 시청자뿐 아니다. 츄팝도 함께 액체괴물을 갖고 놀면서 '우리 부모님에게 이런 모습도 있었구나' 하며 새로운 면모를 알게 되었다고 한다.

"평상시의 모습과는 많이 다르더라고요. 새로운 면을 알게 되었어요. 그래서 관계가 더 편안해지는 데 확실히 도움이 되기도 하고, 보는 친구들도 '부모님과 저런 걸 함께할 수도 있겠구나' 생각할 테니 여러모로 좋죠."

가족과 함께하는 영상이라면 말이야와 친구들을 빼놓을 수 없다. 엄마, 아빠, 아기⋯ 온 가족이 함께 등장하니 말이다. 이들의 일상은 모든 것이 아이디어가 된다. 아이와 노는 것, 여행하는 것, 아이가 웃는 것, 우는 것을 비롯해 육아의 모든 것이 콘텐츠가 될 수 있다. 그야말로 일상 그 자체가 이들에겐 아이디어의 보고요, 방송 아이템이다.

풍월량의 방송에는 아들이 종종 등장하는데, 팬들에겐 이미 인기 스타다. 지금 일곱 살인데, 벌써부터 게임 크리에이터의 세계에 눈을 떴다. 아빠와 같이 일하고 싶다는 의사를 강력하게 표현한다고 하니, 머지않아 아빠와 아들이 라이벌 크리에이터가 되는 건 아닐까? 물론 아들의 꿈을 적극 지지하지만 사리분별을 할 수 있는 나이가 되면, 다시 논의하기로 했다고 한다.

신선한 아이템, 기발한 아이디어는 먼 곳에 있지 않다. 집, 학교, 학원, 골목길, 슈퍼, PC방, 카페 등 내가 늘 접하는 공간 곳곳에 숨어 있다. 내가 늘 만나는 사람들 사이에 있고, 내가 겪는 여러 감정들 속에 들어 있다. 눈을 크게 뜨고 찾기만 하면 된다.

많이 듣고,
보고, 만나고,
경험하자

첼리스트이자 지휘자로 활동 중인 장한나는 하버드대학교 철학과에 지원해 언론의 큰 관심을 받았다. 첼리스트가 음대가 아닌 철학과에 간 이유는 무엇일까? 그녀는 자신의 음악적 깊이를 더하기 위해서는 인문학적 기본이 필요하다고 느꼈다. 한 음, 한 음을 정확하게 짚어 연주하고 화려한 테크닉을 선보이는 것을 넘어서, 자신의 내면을 음악으로 표현하고 전달하고 싶었다.

수많은 외식 브랜드를 갖고 있는 성공한 사업가 백종원. 그의 음식 사랑은 익히 잘 알려져 있다. 학창 시절부터 전국 각지로 음식 맛을 보러 다니고, 따라서 만들어보고, 자기만의 레시피를 개발한 그는 대표적인 경험 왕이다. 온몸으로 부딪쳐 체득한 경험 덕분에

웬만한 음식은 재료와 조리 과정을 다 알아맞힐 정도의 능력자인 그는 오늘날 장사의 신이 되었다.

두 사람의 공통점은? 바로 어릴 때부터 다양한 경험으로 스스로 성장의 기회를 만들었다는 것!

도티의 조언: 직접 부딪쳐보세요

"경험은 바보도 영리하게 만든다"는 말이 있다. 경험을 통해 지식과 지혜를 쌓고, 시행착오를 통해 더 발전하게 된다는 뜻이다. 직접 부딪쳐 얻는 깨달음은 막연히 머리로만 짐작하는 것과는 사뭇 다르다. 그래서 도티는 직접 부딪쳐보라고 말한다.

"세상 모든 걸 콘텐츠로 만들 수 있는 시대예요. 그다지 의미 없다고 여겨졌던 것들이 콘텐츠가 되잖아요. 게임 중계를 하는 게 사회적 가치가 있을지 누가 알았겠어요. 그만큼 다양한 취향과 욕구들이 다양하게 표현되는 세상인 것이죠. 그렇기에 여러 상황을 접해보고 경험해보는 것이 필요하고요."

일단 무엇이든 해봐야 자신이 뭘 좋아하고 잘하는지를 알아낼 수 있다. 그 과정에서 자신의 취향과 재능까지 발견할 수 있다면,

더할 나위 없이 좋은 일이다.

직접 경험이든 간접 경험이든 경험은 많이 할수록 좋다고 생각한다는 도티. 앞서 말했듯 도티는 호기심이 많아서 글쓰기부터 법조인, 방송국 PD, 심지어 아이돌까지 여러 가지 꿈을 꾸었던 사람이다. 그만큼 세상 모든 것이 그에겐 호기심의 대상이었다.

"크리에이터 지망생이 아니더라도 전 학창 시절 책을 많이 보고 친구랑 사이좋게 지내는 게 정말 중요하다고 생각해요."

우리가 직접 다 경험할 수 없는 세계를 만나는 데 있어 책만큼 좋은 것은 없기 때문이다. 사람을 하나의 소우주라고 하지 않던가. 친구를 만난다는 건 나와는 완전히 다른 우주가 다가오는 것이기도 하다. 친구들을 통해 경험하는 세상의 중요성도 잊지 말자.

자기 길을 탐색해가는 과정에서 다양한 경험이 중요하다는 데는 거의 모든 크리에이터들이 공감한다. 백수골방도 자신이 정말로 좋아하는 일, 하면서 진심으로 즐거울 수 있는 일을 찾는 게 중요하다고 강조한다. 그런데 좋아하는 일을 찾으려면, 그것이 공부든 게임이든 운동이든 노래든 직접 해보는 수밖에 없다.

"관심 있는 일을 찾아서 해보고, 그에 대한 기억과 경험들을 차곡차곡 쌓다 보면 어느새 그것이 자신의 밑거름이 되어 있을 겁니다. 그러다 보면 크리에이터가 되든, 혹은 다른 직업을 갖든 간에 자신도 모르는 사이에 사람들 앞에 당당히 설 수 있는 사람이 되어 있을 것이고요."

간혹 지금 당장 무언가를 해야만 한다는 생각에 조급해하는 사람들이 있다. 잠뜰은 '크리에이터가 유망한 직업이라면 일찍 시작해야 하지 않을까', '차라리 학교를 때려치우고 지금 당장 시작하자'라는 생각을 하면서 섣부르게 결정하려는 이들에게 신중하라고 당부한다. 전문적인 크리에이터가 되기 위해 학교 공부를 포기하고 올인 하겠다는 생각은 성급한 판단이라는 것.

잠뜰 역시 다양한 경험을 많이 해보는 게 좋다고 말한다. 게임 크리에이터라고 해서 보여지는 것처럼 게임만 하는 것은 아니기 때문이다. 그 이면에 고민할 일도 많고, 스스로 책임을 지고 해나가야만 하는 일도 많다. 그래서 그 나이 또래에 겪을 수 있는 경험과 사회생활을 놓치지 않았으면 좋겠다며 이렇게 말한다.

"타고난 재능이나, 콘텐츠를 다양한 시각으로 바라보는 감각이 어느 정도는 필요하겠죠. 하지만 이런 부분들도 다른 사회 경험을 통해 배워나갈 수 있는 능력이에요. 기존의 미디어보다 시청자에게 더욱 밀접한 영상을 만들어내는 것이 크리에이터이기 때문에 기술적인 공부 이전에 다양한 사람들과 공감할 수 있는 많은 경험들이 필요합니다."

최신 트렌드를 놓치지 말 것

크리에이터의 경우 사람들이 내 콘텐츠에 대해 어떻게 느끼는지 굉장히 빠르게 파악할 수 있어야 한다. 그래야 요즘 시장에서 어떤 것들이 유행하는지 파악하고 콘텐츠에 녹여낼 수 있다. 만일 트렌드를 따라가지 않고 싶다면, 정말 독보적으로 매력적인 나만의 콘셉트와 방향이 있어야 한다. 그리고 흔들림 없이 그걸 밀고 나가는 뚝심도 필요하다. 어쨌든 둘 중의 하나는 되어야 성공할 수 있는 것이다.

하지만 말처럼 쉬운 일은 아니다. 긴장의 끈을 늦추지 않고 세상의 흐름을 읽는 것도, 자기만의 길을 가는 것도. 크리에이터의 영상은 자기만족을 위해 올리는 것이 아니기 때문이다. 좋아해주고, 공감해주는 사람이 없다면 굳이 공개된 플랫폼에 올려야 할 이유가 있을까? 그래서 자기중심을 지키되, 변화의 흐름을 놓치지 않는 것이 정말 중요하다.

도티는 최신 흐름을 놓치지 않기 위해 모니터링을 열심히 한다. 여러 가지 모니터링을 하면서 얻는 영감이 상당하다. 그리고 크리에이터 생활을 햇수로 6년째 하고 있으니 보는 눈이 남들보다는 앞서가는 점도 무시할 수 없다. '아, 이거 되겠구나', '이거 빨리 기획해야 되겠구나' 하는 포인트가 어느 정도는 보인다고 한다.

그러나 그런 감은 저절로 무작정 찾아온 것이 아니다. 오랜 경험, 꾸준한 모니터링과 시장조사를 통해 감이 누적되었기 때문이다. 그러다 보니 아이템을 선정하는 데 있어서 옛날보다는 헛발질을 덜 하게 된다.

많이 보고, 듣고, 만나고, 경험하자. 창의적 아이디어도 재미있는 아이템도, 누적된 경험에서 나온다.

크리에이터들의 놀이터,
샌드박스 네트워크는
어떻게 구성되어 있을까?

샌드박스 네트워크는 직무와 기능을 중심으로 한 최소 단위의 작은 팀을 지향하는 회사입니다. 각각의 팀은 셀(Cell)로 불리며, 셀 구성원들은 해당 기능의 전문성을 극대화해나가는 것이 목표죠. 팀은 크게 네 개로 나눠집니다. 각각의 팀이 어떤 역할을 하는지 자세히 살펴보도록 합시다.

파트너십팀(Partnerships)

크리에이터 채널을 관리하며, 채널의 영향력을 키워주는 역할을 하는 조직 샌드박스의 근간을 이루는 팀입니다. 샌드박스에 어울리는 크리에이터를 찾고, 그들과 소통하며 성장을 돕는 역할을 합니다. 크리에이터를 정말 좋아하는 전문가들이 모여 있지요.

콘텐츠팀(Contents)

다양하고, 재미있는 크리에이터 콘텐츠를 개발하는 데 기여하는 조직

스튜디오 형태로 운영이 되며, 도티와 잠뜰 팀이 이곳에 소속되어 있습니다. 기존에 없는 새로운 콘텐츠를 만들기 위해 프로덕션 셀, 디자인 셀, 마인크래프트 전문 셀 등이 열정을 다해 연구하는 곳입니다.

사업개발팀(Business Development)

크리에이터의 영향력, 콘텐츠, 지식재산권을 활용해서 수익을 창출하는 조직

더 좋은 콘텐츠를 만드는 데 집중하려면 든든한 사업적 기반이 있어야 합니다. 그런 사업 기반을 만들어주기 위한 팀으로 광고 사업, 캐릭터 사업, 방영 사업, 유통 사업을 도와주는 셀들이 속해 있습니다.

솔루션 조직(Solution)

회사의 다른 조직들이 더 효율적으로 운영될 수 있도록 든든한 지원을 해주는 조직

회사의 조직원들이 더 좋은 환경에서 일할 수 있도록 도

와주는 역할을 하는 팀입니다. 인사, 재무, 총무 등이 여

기에 속해 있습니다.

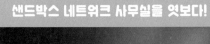

샌드박스 네트워크 사무실을 엿보다!

이곳은 스튜디오.
크리에이터들이 직접 촬영이나 녹음을 할 수
있도록 마련된 공간이죠. 편집도 가능하답니다!

메이크업도 할 수 있습니다.

촬영하다가 지치면
휴게실에서 잠시 휴식을!

회의 공간도 있답니다.

샌드박스 크리에이터들이 모두 모이는 연말 파티 현장도 한번 가

볼까요?

선물도 나누고

BREAK 2017

오늘의 시선강탈상

2017 연말파티 베스트드레서

위 크리에이터는 '2017 샌드박스 연말파티'를 위해
마음가짐과 더불어 정성을 담은 의상 선택으로 모두의
시선을 강탈하였기에 오늘의 베스트드레서로 선정하며
이 상장을 드립니다.

2017년 12월 20일

(주)샌드박스네트워크
대 표 어 필 성

BREAK 2017

오늘의 칼도착상

2017 연말파티 얼리버드

위 크리에이터는 '2017 샌드박스 연말파티'에 추운
날씨와 초행길에도 불구하고 남다른 발걸음으로
행사장에 가장 먼저 도착하였기에 오늘의 얼리버드로
선정하며 이 상장을 드립니다.

2017년 12월 20일

(주)샌드박스네트워크
대 표 어 필 성

재미있는 시상식도 연답니다.

다음엔 여러분도 함께해요!!

3장

샌드박스 네트워크는
24시간 풀가동 중

BOX
ATOR

SANDBOX NETWORK (샌드박스 네트워크)   구독자 132,074명

융짐 학교냐 크리에이터냐, 그것이 문제로다.

샌박친구 넘 꾸르잼. 근데 이거 맨날 올리는 거예요? 대박!

유녕이 저는 진짜 늦게까지 샌박 회사에서 야근해도 괜찮아요♡♡♡

지민tv 100번은 본 것 같다. 이런 거 어떻게 만들죠?

풀밭 와… 유튜브 활동 열심히 해서 샌드박스 소속이 되고 싶네요:)

유미짱 너무 재미있어요~~~♥

채널호야 제 영상에 하트를 주신다면 더 열심히 하겠습니다!

톡톡 튀는 아이디어나 캐릭터만 있으면 많은 사랑을 받을 수 있을까?

크리에이터에게 무엇보다 필요한 것은 바로 성!실!함!

기획부터 편집까지, 24시간이 모자란 크리에이터의 하루! 시간 관리, 자기 관리 방법을 살펴보자

샌드박스 네트워크의
시간은
멈추지 않는다

"대체 그 좋은 회사를 왜 나오려는 거야?"

이필성 대표가 구글을 그만둘 때 다들 의아해하며 묻던 말이다. 지금의 20~30대가 꿈의 직장이라 부르는 구글. 그가 그곳을 나와 샌드박스 네트워크를 만든 이유는 뭘까?

구글을 왜 그만뒀냐고요?

"구글에 만 4년 있었어요. 저는 회사 다니는 동안 즐거웠고 불만도 없었어요. 구글이 싫거나 만족스럽지 않은 부분이 있어서 회사를 나온 건 절대 아닙니다. 이렇게 말하니까 더 의아해하실 것 같네요. 제가 구글을 그만둔 건 그 일이 싫어서가 아니라, 더 끌리는 일을 발견했기 때문이죠. 도티와 친했기 때문에 그 무렵 크리에이터들의 활동이 왕성해지는 걸 알고 있었어요. 그런데 크리에이터라는 사람들이 너무 큰 사랑을 받고 있는 반면, 그들이 하는 일을 진지하게 바라보거나 직업으로 인정해주는 문화는 많이 부족했죠."

몇 년 전만 해도 다양한 플랫폼에서 활동하는 1인 미디어, 즉 인터넷 방송을 하는 크리에이터들에 대한 인식은 '유튜브에 영상 올리는 사람, 아프리카 BJ, 그저 신기한 사람들' 정도에 머물러 있었다. 아니면 인터넷 방송으로 돈을 얼마 번다더라, 자극적이고 선정적일수록 조회 수가 높다더라, 라는 식의 왜곡된 인식이 강했다.

당시 도티도 게임 방송을 진행하며 굉장히 큰 사랑을 받고 있었고, 많은 문제들을 고민하고 있었다. 두 사람은 이 산업을 성장시키는 데 기여할 수 있는 사람이 너무 적다는 문제의식을 공유했다. 경영을 전공한 이필성 대표와 인기 크리에이터로 활동하는 도티, 두 사람의 경험을 살려 좋은 회사를 만든다면 뭔가 기여할 수 있겠다는 생각이 들었다. 이필성 대표가 도티와 함께 샌드박스 네트워크를 시작하게 된 건 바로 이런 이유 때문이다.

당시 우리나라에서 MCN 분야는 막 시작되던 단계라 확신을 하지 못한 채 일을 시작했다. 상당한 용기와 도전의식이 필요한 일이었다. 그렇다면 왜 위험을 감당하면서까지 도전했을까?

"누군가는 해야 할 일이고, 내가 하고 싶다는 생각에서 시작한 것이에요. 개인적으로 행복하면서 사회적으로도 영향력 있는 일을 할 수 있겠다는 생각에서 도전했죠."

이필성 대표는 스스로 증명해내야 한다는 생각이 스타트업을 키워낸 원동력이라고 말한다.

우리가 늘 도전하고 시도하는 이유

"크리에이터냐, 공부냐! 그것이 문제로다!"

우리는 늘 선택을 하게 된다. 수학을 공부할까, 과학을 공부할까? 피아노가 좋을까, 바이올린이 좋을까? 취직을 할까, 대학을 갈까? 하나를 선택하면 하나를 포기해야 한다. 더 좋은 길이 있는데 포기해야 할 수도 있고, 먼 미래를 위해 위험을 감수하고 무언가를 선택해야 할 수도 있다. 내가 한 선택이 반드시 좋은 결과로 이어지지 않을 수도 있고, 실패를 맛볼 수도 있다.

이필성 대표는 위험에 대해 남다른 철학을 전한다. 오히려 아무

것도 안 하는 것이 '위험'이며, 실패한다 해도 그 경험이 자신에게 쌓여 성장의 밑거름이 되는 것만으로도 충분하다. 샌드박스 네트워크가 가파르게 성장하며 두각을 나타내는 것도, 창의적인 크리에이터들이 함께하는 것도 바로 이런 이유 때문이다.

"저는 인생을 투자에 비유하곤 하는데요, 대박을 노리면 그만큼 실패도 큽니다. 비트코인을 사면 돈을 많이 벌 수 있지만, 그만큼 많이 잃을 수도 있어요. 어떻게 될지 몰라도 남들이 좋다니까 해보자며 무모하게 돈을 던지면 도박입니다. 하지만 최대한 정보를 구해 그 시장을 면밀히 조사·분석하고, 열심히 공부해서 성공할 확률을 높일 수 있도록 한다면 투자이지요."

샌드박스 네트워크의 사람들은 실력이 있다면 아주 비상식적인 무모한 행동을 하지 않는 이상 뭐든 가능하다고 믿는다. 실패하더라도 다시 일어설 수 있고, 사업을 하다 실패해도 그 산업에 대한 이해가 쌓였을 것이기 때문이다. 그렇다면 그걸 과연 실패라고 말할 수 있을까?

샌드박스 네트워크 직원들뿐만 아니라 크리에이터들도 같은 생각이다. 시도하지 않음으로써 안전한 길을 가기보다는, 도전하고 시도하면서 넘어지는 쪽이 훨씬 더 큰 성장의 길이라는 믿음 때문이다.

샌드박스 네트워크는 실패에 대한 두려움을 없애는 환경을 만들어주려 노력한다. 그리고 새로운 시도와 도전을 적극 지지한다. 현재에 안주하는 순간, 퇴보하는 것이기 때문이다. 그중 기대만큼 반응이 좋지 않은 것도 있고 더러 실패하는 것도 있다. 하지만 실패해도 괜찮다. 아무것도 하지 않으면 아무것도 얻지 못하지만, 실패하면 실패에서 단 한 가지라도 배울 수 있으니까.

넘어지더라도 어제와 다른 내일을 만들 수 있다면 이미 한발 앞서나간 것이라는 믿음. 그들은 이 믿음의 날개를 달고 오늘도 멋진 비상을 꿈꾼다. 도전하는 이들의 시간은 절대 후퇴하지도 멈추지도 않는다.

기획부터 편집까지, 24시간이 모자라

"자고 싶을 때 자고, 놀고 싶을 때 놀고, 아무 때나 일하면 되니까 참 편하겠다."

"출퇴근하지 않으니 얼마나 자유롭겠어."

"10~20분짜리 영상 하나 올리면 그만인데, 얼마나 쉬워."

겉으로 보이는 모습만 보고, 이런 오해를 하는 이들이 꽤 많다. 물론 크리에이터는 출퇴근을 하지 않기 때문에 직장인에 비해 시간 활용이 자유로운 건 사실이다. 회사가 주는 규율과 스트레스에서 자유로운 것도 맞다. 하지만 그래서 더 철저하게 자신을 관리해야 하고, 시간을 현명하게 활용해야 한다.

한없이 자유롭고 편하게 일하는 것처럼 보이는 그들은 언제 일하고 언제 잘까? 어떻게 시간을 관리하고, 하루 일정을 소화할까?

도티, "단 하루도 영상을 거른 적이 없어요"

도티는 채널 운영을 시작한 뒤로 단 하루도 영상을 거른 적이 없다는데, 이런 채널은 국내에선 도티 TV가 유일할 것이다. 학생에게도 주 이틀의 휴가와 방학이 있으며, 직장인에게도 주말 휴일은 필수다. 연중무휴를 지향하며 장사하는 이들조차 휴가라는 것이 있다. 그런데 4년간 단 하루도 빠지지 않고 영상을 올릴 수 있는 비결은 대체 뭘까? 그 꾸준함의 원천이 무엇인지 신기하다.

"오전 10시부터 6시까지는 콘텐츠 제작하는 데 쓰는 시간으로 정해놓고 일을 하죠. 하루에 영상을 한 개 만들 때도 있고, 어떤 날은 두세 개 이상을 만들기도 해요. 그러기 위해선 들쭉날쭉 아무 때나 일하는 건 효율적이지 않죠. 그래서 제가 일하는 시간을 정해놓고, 꾸준히 그걸 지키며 바이오리듬을 만들어놓았어요."

그는 보통 촬영에 2~3시간을 쓰는데, 팽팽한 긴장감을 갖고 온 신경을 쏟아내는 일이다 보니 하루에 촬영 두세 개를 하는 날이면 진이 빠져 녹초가 될 정도다. 촬영 시간뿐 아니라 앞뒤로 대기 시간이나 콘텐츠 준비 시간도 있기 때문에 어떤 날은 거의 하루 종일 일하기도 한다. 그래서 자기만의 습관을 만들고, 그것을 따르는 게 중요하다고 강조한다.

"제겐 콘텐츠를 제작하는 하루 일과를 정해놓는 게 중요했어요. 남들 눈치 보지 않고 내가 원할 때 일할 수 있는 자유가 주어지잖아요. 그래서인지 한번 흐트러지기 시작하면 제어할 길이 없어지더라고요. 자기 관리를 제대로 하지 않으면 큰일 나겠구나 싶었죠."

사실 자기 관리가 안 되는 크리에이터들은 영상을 들쭉날쭉 올리는 경우가 많다. 본인이 찍고 싶을 때 찍다 보니, 새벽에 찍기도 하고 저녁에 찍기도 하고 아침에 찍기도 하고 마음 내키는 대로다. 그렇게 되는 대로 일을 하다 보면 오래 가기 힘들다는 게 상당수 크리에이터들과 샌드박스 사람들이 공통적으로 하는 말.

일을 하고 싶을 때 하고, 하기 싫다고 미뤄두는 식이면 일정하게 영상을 올릴 수 없다. 영상이 올라오다 말다 하거나, 아무 때나 불쑥불쑥 올라오면 시청자는 그 채널을 꾸준하게 보기 어렵다. 영상이 올라오기를 마냥 기다리기만 할 수는 없으니 말이다. 게다가 정해진 일정 없이 촬영과 업로드가 일정하지 않으면 크리에이터 본인이 제일 힘들다.

"그런 식으로 하면 오래 하기 힘들어요. 정해진 사이클에 맞춰서 생활을 해야 활력이 유지되거든요. 내키는 대로 왔다 갔다 하다 보면 어느 순간에는 그냥 흐지부지된다거나, 완전히 손을 놓게 되기도 해요. 시청자 역시 떠나게 되고요."

도티는 단 하루도 빠뜨리지 않고 영상을 올렸던 것이 도티 TV가 성장할 수 있었던 가장 큰 힘이라고 한다. 아픈 날도 있고, 개인적인 사정이 있는 날도 있었을 텐데…. 매일매일 게임 영상을 올린다는 건 그가 얼마나 성실한지를 극명하게 보여주는 예다. 더불어 시청자들과의 약속을 얼마나 소중히 여기는지도 엿볼 수 있다.

"어릴 때 일요일마다 방영하는 디즈니 만화동산을 손꼽아 기다렸어요. 그러다 하루 결방을 하면, 눈물이 날 정도로 서럽고 슬펐거든요. 나를 가장 행복하게 해주는 시간인데, 간절한 기다림을 외면하고 뉴스 속보가 대신할 때면 세상이 무너지는 것 같았죠. 제 방송을 보는 친구들의 마음도 그와 같을 거라 생각해요. 제가 영상을 올리는 게 누군가에게는 그날 하루의 가장 큰 일일 수도 있고 가장 큰 행복일 수도 있을 테니까요."

그래서 도티는 하루도 영상을 거를 수 없다고 한다. 누군가의 간절한 기다림을 외면할 수는 없으니까. 누군가의 하루를 실망감으로 망칠 수도 있으니까.

백수골방의 비법은 집중과 자유의 균형

"개인적으로 이 일의 가장 큰 장점은 역시 자유로운 시간 활용이라고 생각해요. 저는 짧지만 회사도 다녀봤잖아요. 그때 가장 힘들었던 점이 역시 출퇴근이었는데, 지금은 그런 부담이 없죠. 오늘 컨디션이 안 좋다면 늦잠을 좀 더 자고 일어나 오후에 더 열심히 일을 하는 거죠. 그런 자유가 있다는 점과 그걸 제가 스스로 조절할 수 있다는 점이 정말 좋아요."

시간 활용을 자유롭게 한다는 게 시간을 함부로 사용한다거나 마냥 게으름을 부린단 의미는 절대 아니다. 말 그대로 자기의 생활 리듬에 맞게 조절한다는 뜻이다. 백수골방은 일이 안 되면 억지로 붙들고 있기보다는 산책을 하거나 잠깐 게임을 하는 등 휴식을 취한다. 일에 최대한 집중할 수 있는 여유를 만들어내는 것이다.

그래서 '오늘까지는 대본 작업을 끝내고, 내일까지는 편집의 절반 정도를 끝내자'라는 식으로 시간이 아닌, 업무를 기준으로 매일의 계획을 짠다.

"일에 집중하되, 시간은 자유롭게 쓰자."

자기만의 기준과 원칙을 정해놓고, 감시와 보상을 스스로에게 주고 있다. 이것이 백수골방이 자유와 시간을 대하는 방식이다.

열심히, 꾸준히 하기 위한 띠미의 전략

샌드박스 네트워크에 들어오기 전에는 정해진 일정표가 따로 없었다는 띠미.

"그냥 생각나면 바로 찍고 편집하고, 또 생각나면 찍고 편집하고 그랬어요."

어떤 날은 하루에 다섯 개를 찍고 편집한 적도 있다고 한다. 특히 1일 1영상을 올릴 때는 일주일 내내 방송이 있고, 중간에 생방송을 하는 날도 있다 보니 하루도 쉬지 못하고 일했다. 일정도 규칙적이지 않은 데다 제대로 자지 못한 채 몰아서 일을 하다 보니, 몸에 무리가 오기 시작했다. 안 되겠다고 판단한 띠미는 매니저와 의논해 한 달 정도 호흡을 고르는 기간을 갖기로 했다. 영상은 주 4회, 생방송 1회로 스케줄을 조정했다.

"너무 몰아붙이면 금세 지치고 말겠더라고요. 그래서 잠깐 숨 고르기 하는 시간을 가졌어요. 열심히 하는 것도 좋지만, 꾸준히 하려면 제가 소화할 수 있는 스케줄을 잡는 것도 중요하다고 생각하거든요. 매니저님과 의논해서 앞으로는 1일 1영상 체제를 고수하는 쪽으로 가려고 의논 중인데, 그러려면 어떤 방식으로 일할지 좀 더 고민해야 할 것 같아요."

1일 1영상을 혼자 책임지는 것은 사실 무리가 따르기도 한다. 촬영과 편집에 절대 시간이 들어가기 때문이다. 그래서 띠미는 최근 편집을 도와주는 스태프를 영입했다. 다른 이의 도움을 받아 올라오는 띠미의 영상들은 또 어떤 재미를 줄지 벌써부터 궁금하다.

츄팝, 편집에만 15시간

츄팝은 주 2회 영상을 올린다. 촬영에서 편집, 업로드까지 영상 한 편을 올리는 데 꼬박 이틀 정도가 필요하다.

촬영은 2~3시간 하고, 가급적 그날 바로 편집에 들어간다. 첫째 날 6시간 정도 편집하고, 둘째 날은 8~9시간 정도를 쓴다. 평균적으로 편집에만 15~16시간이 들어가는 셈이다.

제작하는 콘텐츠의 성격과 크리에이터의 성향에 따라 다르지만, 츄팝은 편집에 굉장히 많은 시간과 정성을 쏟는다. 액체괴물이 변해가는 과정을 시청자에게 꼼꼼하게 보여줘야 하고, 영상에서 직접 설명하지 않기 때문에 자막을 빠짐없이 쓰는 것도 중요하기 때문이다.

"영상 길이가 너무 길다 보니, 이걸 압축하지 않으면 지루해져요. 지루해지면 저도 다 못 볼 것 같더라고요. 시청자는 더하겠지요. 그래서 시청자가 최대한 재미있게 볼 수 있도록 영상을 압축해서 2배속으로 돌리죠. 그러다 보니 목소리도 마치 변조한 것처럼 들리고요."

시간도, 마인드도 조절하는 풍월량

편집 영상을 올리는 크리에이터와 라이브 방송을 해야 하는 게임 스트리머는 시간 활용법이 조금 다르다. 풍월량은 보통 저녁 8시쯤 시작해서 새벽 2시까지 방송을 하는데, 실제로는 더 늦게 끝나는 경우가 많다. 대략 6~7시간, 길게 할 때는 8~9시간 동안 게임 방송을 한다.

그는 일주일에 보통 하루 정도 쉬고, 주 6일 일한다.

"이걸 오래 유지하는 게 사실 힘들어요. 어떤 분들은 매일 게임 하니까 좋겠다, 이렇게 생각하기도 하더라고요. 하지만 매일 게임만 하다 보면 아주 가끔은 힘들 때도 있고 재미가 덜할 때도 있습니다. 사람이니까 늘 즐거울 수만은 없잖아요. 때론 게임이 하기 싫을 수도 있고, 컨디션이 안 좋을 때도 있죠. 그럴 때마다 방송을 접는 건 프로의 자세가 아니죠. 그래서 전 수다 콘텐츠나 술 먹방을 합니다."

컨디션이 안 좋다고 해서 매번 방송을 쉴 수는 없다. 프로 의식을 갖고 하는 일이기 때문에 개인적인 기분의 변화나 힘겨움은 스스로 해결하는 법을 터득해야 한다. 기분 내키는 대로가 아니라, 그 기분을 잘 조절하면서 일하는 것이 프로의 자세이기 때문이다.

매일 시청자와 만나는 게 즐겁기도 하지만 그러다 보니 최근 몇 년간 장기 휴가는 꿈도 꾸지 못했다는 풍월량. 일본에 2박 3일 다녀온 해외여행이 유일하다.

"설날이나 추석도 당일만 쉬는 경우가 많았고 무슨 일이 생겨도 최대 2~3일 정도만 쉬어봤어요. 라이브 방송은 게임에 따라서, 또 방송하는 사람의 컨디션에 따라서 실시간으로 시청자 수가 변하거든요. 방송들도 시청률 압박을 받지만 실시간 방송을 하는 크리에이터들은 그 압박이 더 심하기 때문이죠."

그래서 그는 그 압박감을 긍정적인 긴장감으로 활용하되, 그 안에서 스스로 여유를 찾는 연습을 게을리하지 않는다.

샌드박스
네트워크의 문은
언제나 열려 있다

어떤 남자가 영상에 등장해 자신을 소개하더니, 얼굴 공개를 선언한다. 그런데 영상 중간에 갑자기 전혀 다른 얼굴이 등장한다. 순간 깜짝 놀라 "어? 뭐지? 얼굴이 달라졌어. 혹시 서… 성형?"이란 말이 툭 튀어나온다. 눈을 비비고 다시 보니, 목소리는 그대로인데 사람이 바뀌었다. 그래, 분명 다른 사람이다.

"어라, 얼굴이 또 바뀌었는데 너무 자기 목소리 같잖아."

그렇게 네 명의 남자가 같은 목소리로 등장한다. 입술의 움직임과 싱크로율이 너무도 딱이다. 일명 진짜 자신이 누구인지 궁금증을 유발하는 '나 찾아봐라' 영상이다. 이 기발함에 결국 웃음을 터뜨리게 된다.

백수에서 사장님, 그리고 크리에이터로

이 영상을 만든 주인공은 장삐쭈. 어떻게 하면 대추고를 잘 팔 수 있을까 고민하다가 재미난 홍보 영상을 만들었고, 그것이 계기가 되어 크리에이터의 세계에 발을 담갔다.

대추고 홍보 영상이 반응을 얻은 뒤, 마이크를 사서 더빙을 해보고 재미 삼아 연습 삼아 〈보노보노〉 더빙을 했다. 그 영상 역시 반응이 좋아 베스트에 올랐다. 사람들이 웃어주는 게 재밌어서 그렇게 예닐곱 개쯤의 더빙 영상을 만들었는데, 그런 그에게 샌드박스가 연락을 해온 것이다.

"사실 크리에이터가 된 데는 헤어진 여자친구의 영향이 있을지도 모르겠어요."

전 여자친구의 영향이 있다니… 이건 무슨 나비효과일까?

"헤어진 여자친구가 술 먹고 전화를 한 적이 있어요. 돈도 직업도 없던 백수 시절이라 간신히 택시비만 만들어서 나갔는데, 하필 그날 그 친구가 사준 후드티를 입고 있었던 게 발단이었죠."

술에 취해서 본인이 사준 후드티를 내놓으라며, 막무가내로 옷을 잡아당기는 전 여자친구의 행동에 순간 눈물이 핑 돌았다.

"여자친구를 뿌리치고 집까지 걸어오는데 너무 서러웠어요. 제 자신이 무능한 것 같고요. 버젓한 일이라도 하고 있었다면 그렇게 초라한 기분은 아니었을 텐데. 그날 이후 결심했죠. 내가 더 당당해질 수 있는 나의 일을 하자."

그 일이 있고 나서 야심차게 시작한 일이 과일로 만든 청을 파는 것이었고, 대추청을 거쳐 대추고를 발견하게 되었다. 과일청 판매 시장은 이미 경쟁자가 많은 레드오션이었기 때문이다.

그는 직접 대추고를 만들고, 제품을 홍보하기 위해 블로그도 운영했다. 한동안은 손님이 뜸하다가, 포털 사이트에 올린 고객의 후기가 추천을 많이 받으면서 행운이 찾아왔다. 그 일이 계기가 되어서 제품도 많이 팔고, 가게도 내고, 사업자등록증도 나왔다.

백수에서 사장님이 된 게 너무 신이 나고 좋았다는 장삐쭈. 그래서 그동안의 과정을 블로그에 올렸는데, 글을 재밌게 잘 써서 엄청난 홍보 효과가 있었다. 하지만 제품 판매가 활발해짐에 따라 광고의 필요성도 커졌다. 당시 수입으론 점점 높아지는 광고비를 감당하기 버거웠다. '그렇다면 내가 직접 광고를 만드는 건 어떨까?' 그의 머릿속에 번쩍 스파크가 일었다.

"내가 할 수 있는 게 뭐가 있을까를 고민하다 생각났죠. 학교 다닐 때 선생님들 성대모사를 잘했어요. 목소리 흉내 내는 걸 잘해서 늘 친구들을 웃겼던 게 떠오른 거죠. 그렇게 제가 잘하는 게 뭔지를 고민해서 찾아냈고, 그걸로 콘텐츠를 만들었습니다. 막상 해보니까 재밌더라고요."

사람들이 반응을 보이니 의욕도 솟아났다. 장삐쭈가 크리에이터가 된 계기, 샌드박스 네트워크에 들어오게 된 계기는 바로 대추고 홍보 영상이다. 하지만 더 거슬러 올라가면, 그날 후드티를 내놓으라던 전 여자친구로 인해 느낀 초라함 때문이기도 하다. 스스로 더 당당해질 수 있는 '나'로 거듭나자는 생각을 갖게 해준 그 자극 말이다.

유명하지 않아도, 이제 막 시작해도

샌드박스 네트워크는 기성 크리에이터뿐 아니라, 신인 크리에이터를 양성하기 위해 '아카데미'를 개설해 2기까지 운영했다. 그 방식은 오디션. 샌드박스 네트워크는 오디션을 통해 채널을 시작한 지 얼마 안 됐거나, 아예 채널이 없는 이들에게 기회의 장을 열어주었다. 샌드박스는 오디션을 열게 된 계기를 이렇게 설명한다.

"이 일을 하고 싶어 하는 이들이 있다고 해도, 샌드박스가 먼저 접촉해서 계약하자고 할 수가 없어요. 왜냐면 그분들의 자료를 볼 수 없으니까요. 그래서 마치 연예기획사가 소속 아이돌 연습생을 뽑듯이 저희도 오디션을 열어서 이쪽에 뜻이 있는 이들을 영입해보자는 생각을 했죠."

기본적인 프로세스는 TV에서 하는 여러 오디션들과 비슷하다. 다만 무대가 TV가 아닌 유튜브로 이전된 형태라고 보면 된다. 서류 전형을 거쳐 소수 정예로 인원을 뽑은 후, 매주 과제를 던져준다. 그 과제에 따라 자기 콘텐츠를 만들어 오면, 그걸 샌드박스 네트워크의 부서별 책임자들이 평가한다.

"'여자친구'라는 주제를 주고 여자친구에 관련된 영상을 만들어오게 하는 식인 거죠. 근데 그걸로 당락을 바로 결정짓는 건 아닙니다. 여러 단계의 오디션과 트레이닝을 통해서 지켜보고, 종합적으로 판단하죠. 누가 주제에 얽매이지 않고 자기의 매력을 지속적으로 어필했는지를요."

1기 때는 경쟁률이 2,000대 1이었다. 지원자 2,000명 중 한 명이 최종 선정되었고, 영광의 주인공은 왕군이다. 2기 때도 지원자는 2,000명 정도로 비슷했으며, 최종 세 명을 뽑았다.

지원자가 2,000명이나 될 정도로 크리에이터에 대한 관심이 뜨거웠다. 하지만 오디션을 진행해보면, 일주일에 콘텐츠 하나 만드는 것도 굉장히 버거워하는 이들이 많다. 막상 도전해보니 생각처럼 쉽지 않았던 것이다. 그래서 오디션 진행 과정 중 스스로 그만 두는 경우가 굉장히 많았다.

총 기간은 10주. 2,000명은 처음에 지원한 이들의 숫자이고 실제 오디션 본선을 시작하는 인원은 20명 내외다. 서류 전형에서 거의 다 떨어지기 때문이다. 상당 부분은 자기소개서에서 크리에이터로서의 기본적 자질과 가능성이 판가름 난다. 그 20명 중에서도 최종까지 콘텐츠를 꾸준히 제출하는 사람은 네다섯 명 안팎이다.

오디션을 통해 입문한 띠미

띠미가 샌드박스 오디션에 지원하게 된 계기는 아프리카TV를 하던 당시부터 친분이 있던 왕군의 소개 덕분이었다. 사실 이전까지 MCN에서 크리에이터를 영입하는 오디션은 없었다. 그런 점에서 샌드박스의 오디션은 절호의 기회였다.

"샌드박스는 크리에이터를 제일 중요시한다고 듣고 지원했는데, 실제로 그 말이 틀리지 않았어요. 여기 들어온 후로는 혼자라는 외로움이 많이 없어졌죠. 소속감을 느낀다고나 할까요? 크리에이터라는 직업이 오랜 시간 방 안에서 혼자 일하기 때문에 외로운 직업이에요. 그런데 회사라는 보호막이 있으니까 훨씬 안정감이 들어요. 기획 회의를 하며 의견을 나누고 알찬 피드백도 받는 등 여러 가지 도움을 받고 있어요."

샌드박스 네트워크의 오디션은 모집 기간을 정해놓지 않고 상시적으로 진행한다. 특정 기간에 이벤트를 열고 오디션이나 아카데미를 진행하다 보면, 공고를 못 본 사람들은 모르고 지나치는 일이 많다는 이유다. 그래서 상설 이벤트로 문을 열어두는 게 더 낫겠다고 판단했다.

오디션을 통해 뽑힌 사람은 세미 크리에이터 기간을 갖는다. 크리에이터를 키우기 위한 트레이닝이자 채널 기획 기간이다. 어떤 분야에 재능이 있는지, 콘텐츠를 풀어나가는 데 있어 어떤 장점이 있는지 함께 찾아나간다. 촬영, 편집 같은 기술적인 부분들은 물론이고, 업계 동향이나 다른 크리에이터를 분석하기도 한다. 이 과정에서 막연한 생각이 구체적인 현실로 자리를 잡아간다. 물론 이 기간 중 이 일이 맞지 않다고 판단되면 언제든 그만둘 수 있다.

샌드박스 네트워크의 문은 활짝 열려 있다. 장삐쭈처럼 대추고를 팔다가 재능을 발견할 수도 있고, 띠미처럼 1인 방송인으로 활동을 하다가 본격적으로 자기 커리어를 높이기 위해 회사의 도움을 받을 수도 있다. 문은 두드리는 자에게 열리는 법이다.

크리에이터에게 가장 중요한 것은 성실함

뛰어난 재치와 말솜씨, 신선한 소재, 탁월한 게임 실력, 시청자와의 활발한 소통, 동네 형이나 옆집 언니 같은 친근함… 스타 크리에이터들의 인기 비결을 꼽자면 수도 없이 나열된다. 이런 비결만 있다면 모두 인기 크리에이터가 될 수 있을까? 아니면 또 다른 성공의 비결이나 조건이 필요할까?

실력이 있어도 노력하지 않으면 무용지물

독특한 캐릭터, 타고난 재능, 후천적 노력, 기발한 아이디어…. 모두 중요하고 필요한 자질이다. 하지만 샌드박스 네트워크의 직원들과 크리에이티들은 이런 것들에 앞서 가장 중요한 것으로 '성실함'을 꼽는다. 마치 물이 100도씨에서 끓기 시작하는 것처럼 모든 재능과 조건들이 '노력과 성실함'을 만나 끓는점을 넘어야 한다는 것이다.

크리에이터들의 경우 기본적으로 갖고 있는 재능이 중요하다. 사람들 앞에 자기를 드러내고, 시청자에게 즐거움을 주며 소통하려면 기본적인 재능과 자질이 있어야 하기 때문이다. 하지만 타고난 재능이 있다 해도, 그것이 노력을 만나지 못한다면 무용지물. 그야말로 빛 좋은 개살구다. 크리에이터에겐 재능, 기획력, 매력적인 캐릭터 등도 중요하지만 그보다 더 중요한 성공의 조건은 성실함이다. 성실함의 중요성은 샌드박스가 가장 강조하는 것이다.

샌드박스 네트워크 파트너십팀의 매니저들은 한목소리로 말한다.

"무슨 일이든 그렇겠지만 성실함이 기본 전제가 되어야 해요. 지금 활동하는 크리에이터들 중에서 게으른 사람이 성공한 경우는 없거든요. 콘텐츠나 크리에이터마다 성격이 다르기 때문에 기발함, 전문성, 소통력, 친근함 등 성공의 요인은 각기 다를 거예요. 하지만 성실함 없이 잘되는 사람은 보지 못했어요. 재능과 기획력, 거기에 노력까지 합쳐진다면 더할 나위 없죠."

열정을 다 쏟아부을 준비가 되어 있어야만 기획력과 재능도 힘을 발휘한다. 유튜브는 솔직한 플랫폼이라서 대충 만든 것들은 결과도 대충 나온다.

"어, 이거 너무 대충 만들었네."

"오늘 찍기 싫은 걸 억지로 찍은 것 같아. 재미없어!"

"지난번에 다른 사람이 한 걸 그대로 베꼈잖아!"

억지로 했거나, 설렁설렁 마지못해 만든 콘텐츠는 시청자가 먼저 알아채고 만다. 샌드박스의 매니저들이 끊임없이 성실함을 강조하는 것은 바로 그 이유 때문이다.

"한 번 정도는 팬심에 볼 수 있겠죠. 하지만 계속해서 콘텐츠가 부실하게 느껴지고, 무성의하게 만든 티가 난다면 시청자가 제일 먼저 알거든요. 그러면 뜨는 것도 금방일 수 있는데, 지는 것도 엄청 빠릅니다."

늘 관찰하고 살펴보기

"새로운 아이디어가 있어요!"

샌드박스 네트워크 오디션을 통해 발탁된 띠미의 경우 거의 매주 기획 회의를 한다. 회의를 통해 다채로운 아이디어가 나오는가 하면, 각자가 제안하는 아이디어를 정제하고 다듬어서 밀도를 높인다.

혹시 띠미가 놓치고 있는 포인트가 있으면 이 회의를 통해 전달하기도 하고, 반대로 샌드박스가 놓치고 있는 포인트를 띠미가 집어낼 때도 있다.

"막연한 생각으로만 존재했던 아이디어가 대화를 통해 더 체계화되고, 구체적 아이템으로 만들어지는 과정이 굉장한 시너지를 내고 있어요."

띠미와 함께하는 파트너십팀 이동욱 매니저는 회의의 효과를 이렇게 말한다.

이 과정에서는 누구보다 크리에이터가 더 활발하게 아이디어를 내게 된다. 그들은 정해진 대본대로 연기하는 연기자와는 역할이 다르기 때문이다. 크리에이터의 정의에는 '본인이 스스로 영상을 기획하고 제작하고 심지어 그걸 배포하는 사람'이라는 개념까지 포함되어 있다. 그래서 대부분의 기획은 크리에이터를 중심으로 이루어지고, 띠미도 마찬가지다.

단, 크리에이터들의 직관적이고 감상적인 의사 결정을 객관적인 시선과 지표로 분석하는 것이 바로 매니저와 샌드박스 직원들이 할 일이다. 크리에이터로 가파르게 성장하고 있는 띠미의 경우에도 이러한 분석으로 큰 도움을 받았다. 이런 과정들은 대형 크리에이터로 성장하는 데 큰 도움이 된다.

띠미는 한 분야에 집중하기보다는 몰래카메라, 리뷰, 일상, 이상한 ASMR, 뷰티, 먹방 등 다양한 분야를 다룬다. 사람들은 띠미 특유의 똘기가 발현된 기발하고 독창적인 콘텐츠를 좋아한다. 하지만 사람들이 보고 깔깔 웃거나, 무릎을 탁 치는 아이디어가 저절로 떠오르는 것은 아니다.

쉴 때면 페이스북, 유튜브, 인스타그램 등 사람들이 요즘 무엇을 좋아하고 어디에 관심을 갖는지를 쉼 없이 살펴본다. 어떤 영화와 드라마가 인기인지, 가장 핫한 물건은 무엇인지, 젊은 친구들이 좋아하는 애니메이션은 뭔지…. 그런 시간들이 있기 때문에 길을 걷다가도 문득, 수다를 떨다가도 불현듯 재미있는 아이디어가 튀어나온다.

시청자가 원하는 걸 바로바로 캐치해서 취향 저격 콘텐츠를 보여주는 것은 아이디어 덕분이다. 하지만 그 아이디어는 노력과 성실함을 통해 세상 빛을 본다.

샌드박스 사람들은 늘 회의 중

크리에이터와 그와 관련된 일을 하는 사람들은 트렌드에 민감한 직종에 몸담고 있다. 그래서 흐름을 따라잡기 위한 개별적 노력뿐 아니라, 회사의 노력도 중요하게 여긴다.

크리에이터들이 개별적으로 하는 노력을 들자면 이런 것들이다. 다른 사람들은 무슨 방송을 하는지, 해외 셀럽들은 어떤 방송을 하는지, 어떤 게임들이 출시되는지 등 시장조사를 끊임없이 하면서 감을 잃지 않도록 해야 하는 것이다.

사회적으로 이슈가 되는 것들이 뭔지 민감하게 느끼고 있어야 한다는 의미다. 하지만 흐름을 읽는다고 끝이 아니다. 그걸 어떻게 자기만의 방식으로 풀어낼까에 대해 계속 고민하는 것이 더 중요하다. 그러니 세상 돌아가는 것을 읽고, 다른 유튜버들의 영상을 열심히 찾아보는 건 기본이다. 또 자신이 다루는 콘텐츠와 관련 있는 커뮤니티들을 수시로 들여다보며 기획에 반영해야 한다.

샌드박스에 소속된 크리에이터들의 주 시청자 층으로는 10대가 많다. 그러다 보니 10대를 타깃으로 하는 크리에이터들을 위해 다양한 자료를 제공한다. 이 콘텐츠를 보는 10대들이 어떠한 특성을 가졌는지, 특정 타깃을 분석한 '어디언스 리서치(audience research)'

자료를 크리에이터들과 공유한다. 어른들과 달리 아직 성장기에 있는 10대나 초등학생들은 또래 집단의 영향력이 워낙 크기 때문에 더 조심스러운 부분이 있어서다.

타깃층과 관련한 다양한 분석 자료들을 크리에이터 개인이 찾아서 만들어내기란 어려운 일. 전문적인 자료를 찾고 분석하는 것, 방향성에 대한 부분은 자료 제공뿐 아니라 스터디를 통해 교환하기도 한다. 샌드박스 네트워크에선 크리에이터들의 역량 강화를 위한 편집이나 섬네일 제작처럼 별도의 프로그램도 운영 중이다. 하지만 그것보다 더 중요한 건 크리에이터들끼리 만나 자체적으로 소통하며 시너지를 얻는 것이다.

"비슷한 고민을 하고 있는 크리에이터들이 스터디 형태로 만나서 저마다 고민한 것들을 나누고 있습니다. 이 스터디는 매니저가 관리 감독은 하지만 사실상 어떤 지침이나 해법을 주지는 않죠. 같은 고민을 가진 이들끼리 만나 소통하고 교류하는 게 생각보다 큰 도움이 되고 있습니다."

샌드박스의 매니저들은 이렇게 '집단 지성의 힘'을 강조한다. 샌드박스 네트워크는 크리에이터뿐 아니라 직원들도 필요에 따라 자율적으로 사내 스터디를 운영한다. 각자 자기 전문 분야가 따로 있으므로 자신의 지식과 아이디어를 내놓고, 그것들이 모여 시너지를 내게 하는 것이다.

"만약 게임을 정말로 좋아하면 게임 쪽에서는 다른 분들보다 민감하게 반응할 수 있으니, 더 직접적이고 효과적인 아이디어를 낼 수 있죠. 반대로 잘 모르는 부분은 다른 사람의 도움을 받고요."

나 혼자만의 역량은 아주 작을 수 있다. 하지만 그것들이 모여 융합되면 엄청난 폭발력을 지니게 된다. 1 더하기 1은 2가 아니라 때론 10, 100… 그 이상이 될 수도 있다. 뭉치면 강해진다.

매일매일
업로드 중,
그러나 오늘은 쉬어라!

"한가로운 시간은 그 무엇과도 바꿀 수 없는 재산이다."

소크라테스는 이렇게 말하며 휴식의 중요성을 강조했다. 노력, 열정, 의지는 우리를 발전시키는 것들이지만 너무 많이 쓰면 지치거나 닳아서 없어지기도 한다.

계속해서 긴장과 압박을 주고, 쉴 없이 몰아붙이기만 하면 언젠가는 방전된 휴대폰처럼 꺼져버릴지도 모른다. 완주하기 위해 페이스를 조절하는 마라토너처럼, 더 멋진 점프를 위해 잠시 몸을 움츠리는 것처럼, 멀리 나아가기 위해서는 잠시 멈춰 있는 시간도 필요하지 않을까?

때로는 지나친 열정과 거리를 두자

자기 일에 열정을 다하되, 거기에만 빠지지 않도록 한다는 백수골
방. '나'라는 정체성과 자신이 이 일을 왜 하고 있는지 그 이유를
늘 기억하려 한다.

"유튜브 콘텐츠는 어떤 한 사람만이 갖고 있는 고유한 성격이나
삶의 경험, 가치관 같은 것들이 콘텐츠 안에 녹아들어서 만들어지
는 것이에요. 제 채널도 그렇고, 다른 채널도 그렇고요. 어떤 크리
에이터가 사랑을 받으면서 성장했다면 그건 그 크리에이터만이
가진 매력 덕분이었을 겁니다."

그는 자기만의 고유한 성격과 색채가 중요하다고 말한다. 그런
데 너무 열심히 하다 보니, 오히려 불안감이 생겨서 자꾸 채널의
데이터에만 집중을 하는 크리에이터들이 있다.

'왜 이렇게 조회 수가 안 나올까?'

'구독자 줄어들면 어쩌지?'

'다른 채널 조회 수는?'

이렇게 수치와 데이터에 집착하기 시작하면 열정이 제 방향으
로 힘을 내지 못한다.

"자기 일에 열정을 쏟는 건 중요하죠. 하지만 계속 스스로를 채

찍질하고 더 큰 압박감에 밀어 넣어버리는 건 피해야 해요. 그러면 그 일을 즐기던 원래의 마음이 없어져버려요. 크리에이터로서 자신이 갖고 있던 매력까지 잃어버릴 위험이 있죠."

누구라도 마찬가지다. 너무 열심히 하느라 끊임없이 자신을 채찍질하다 보면 주위를 둘러볼 여유가 없고, 시야가 좁아진다. 남들보다 앞서는 것, 1등이 되는 것에만 집착하게 된다. 이런 상황에서 과연 일을 즐겁게 할 수 있을까?

백수골방은 과도한 스트레스를 막고, 열정이 사그라드는 걸 방지하기 위해 열정과의 거리 두기가 중요하다고 말한다.

"해결책은 정말 간단하다고 생각해요. 처음으로 돌아가는 것. 즉 다시 나 자신이 되는 것이죠. 사람들이 '나'라는 크리에이터를 좋아했던 건 내가 다른 사람으로는 대체 불가능한 고유의 매력을 갖고 있었기 때문이에요."

채널을 운영하다 보면 자연스레 사람들의 의견과 시선에 신경을 쓰게 되고, 점점 자신의 색깔을 잃어버리게 된다. 구독자 수가 줄어들고, 그걸 보면서 다시 좌절하는 식의 악순환이 반복된다. 이는 상당히 많은 크리에이터들이 갖는 고민이다.

어떻게 하면 사람들에게 더 사랑받고, 더 좋은 반응을 이끌어내고, 자신도 성장할 수 있을지를 고민하는 건 모든 크리에이터의 숙제다. 하지만 열정과 고민의 늪에 빠져 허우적대지 않으려면, 한발 물러나 거리를 두는 것이 필요하다. 거리를 두면 더 잘 보이는 법이니까.

휴식은 더 큰 성장을 위한 도움닫기

크리에이터 대부분이 혼자 일하는 경우가 많기 때문에 외로움, 불안, 부담감을 많이 느낀다고들 한다. 기획부터 촬영, 편집까지 오롯이 혼자 책임져야 하니 부담이 적을 수가 없다.

혼자 일하다 보니 의논할 상대도 없고, 가끔 외롭고 답답하다는 생각이 들 때도 있다. 아이디어가 급격히 떨어지면 덜컥 두려움이 찾아오기도 하고, 일이 많아서 힘들고 지쳐도 스스로 해결해야만 한다. 이럴 때 크리에이터들은 어떤 해결책을 찾을까?

가장 중요한 것은 적절한 휴식과 재충전이다. 마이크로소프트의 빌 게이츠는 아무 일도 하지 않고, 모든 연락을 차단한 채 혼자 지내는 기간을 갖는다고 한다. 세계 최고 경영자는 모두 하루 종일 일만 할 것 같은데 그렇지 않은 모양이다. 그는 대부분의 아이디어들을 휴식 시간에 얻었다고 한다. 잘 쉬어야 잘 일할 수 있는 것이다.

크리에이터 역시 마찬가지다. 한 가지 콘텐츠를 만들어서 그걸로 20년, 30년 유지할 수 있는 게 아니다 보니 계속 트렌드를 읽고, 변화를 시도해야 한다. 흐름에 가장 민감한 일을 하면서 여유를 갖기란 굉장히 어려운 일이다. 세상은 너무 빠르게 변하고, 유행도 자주 바뀐다.

츄팝도 이런 부담에서 자유롭지 않지만, 그럴수록 스스로 신선함을 불어넣을 수 있는 다양한 방법들을 찾는다.

"사람이니까 열심히 하다가도 어느 순간 지친다는 생각이 들 수밖에는 없어요. 똑같은 일상이 반복되는 듯한 느낌이 들어서 에너지가 조금 떨어지면 놀랍게도 시청자도 그걸 똑같이 느끼더라고요. 그래서 열심히 하는 것도 중요하지만, 너무 방송에만 빠져서 힘들어지지 않기 위한 노력을 많이 하고 있습니다."

더 좋은 콘텐츠를 만들기 위해서 휴식은 정말 중요하다. 촬영이나 편집을 하다가, 심하게 피곤하거나 졸릴 때면 잠깐 드라이브를 하며 바람을 쐬고 온다. 또 시간이 맞으면 친구와 커피 한잔을 같이 마시고 들어오기도 한다.

게임 방송을 운영하는 김재원도 마찬가지다. 그는 컨디션이 좋지 않을 때는 잠깐 일을 중단하고 친구들을 만난다.

"갑자기 유튜브 구독자 수나 조회 수가 잘 안 나오면 힘들어하는 분들이 많아요. 저는 그런 부담을 줄이려고 일부러 숫자를 좀 외면하려고도 해요. 조회 수에 연연하지 않으려는 저만의 노력이지요. 숫자 걱정을 하느라, 정작 방송이 재미없어지면 큰일이잖아요."

그도 휴식의 중요성을 강조한다. 긴장을 늦출 필요는 없지만, 압박감이 불안증이 된다면 심각한 문제라는 것.

자기 일에 성실한 건 중요하다. 하지만 그 열정에 공격당하면, 즐거움도 행복도 사라지고 만다. 가끔은 열정에도 휴식을 주자. 기운을 내서 다시 발걸음을 옮길 수 있도록. 처음 그 일을 시작했을 때의 설렘이 날아가버리지 않도록.

크리에이터들의 일과표를 소개합니다

앞서 살펴보았듯이 크리에이터에게 자기 관리는 필수입니다. 시간을 자유롭게 쓸 수 있지만 그만큼 자신이 할 일을 정확하게 파악하고 차곡차곡 해나가야 짜놓은 일정대로 영상을 올리고, 시청자에게 즐거움을 전달할 수 있는 것이지요.

유튜브에 동영상을 올린 이후로 하루도 쉰 적이 없다는 도티, 매일매일 아이템을 바꿔가며 촬영하는 띠미, 학교생활과 크리에이터를 병행하는 마루, 신선하고 기발한 편집에 중점을 두는 츄팝. 촬영과 편집은 물론, 다음 기획을 위한 자료 조사와 공부에도 열성적인 크리에이터들의 스케줄을 살펴봅시다.

도티의 하루

- 영상 업로드 주 7회
- 휴일 없음

유튜브 영상 보기, 독서

취침

섬네일 제작 및 업로드

자유 시간

자료 정리 및 치우기

기상, 아침식사

자유 시간

사전 준비

촬영

도티 팀 출석 체크

★ 촬영 외 시간에는 회사 운영 관련 업무를 하거나 인터뷰 등을 진행합니다.

띠미의 일주일 스케줄

• 띠미는 주 단위로 스케줄을 정해놓고 이를 지켜나가고 있습니다.

요일	촬영		업로드	
	VOD	라이브 방송	VOD	라이브 방송 (편집본)
월	100띠미한 세상		신제품 리뷰(물건)	
화	리뷰		뷰티	*필수) 전주Live 하이라이트
수	챌린지 / 몰카		100띠미한 세상 or V-log	
목	뷰티 / ASMR		신제품 리뷰(음식)	전주Live 하이라이트
금		이상한 라디오	X	
토			이상한 ASMR	
일			챌린지, 몰래카메라	전주Live 하이라이트

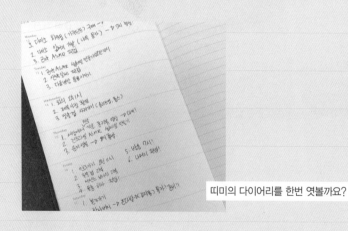

띠미의 다이어리를 한번 엿볼까요?

마루의 하루

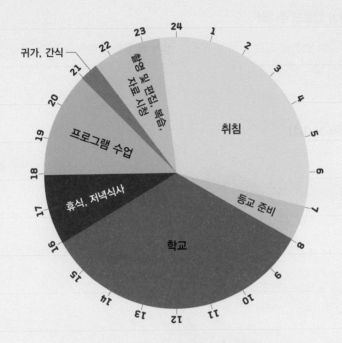

★ 월요일~목요일에는 애프터이펙트 프로그램 수업을 듣습니다(2시간).
★ 금요일 저녁은 플루트 수업(플루트를 너무 좋아합니다).
★ 토요일 밤 11시부터는 ASMR 촬영: 조용할 때 해야 하기 때문에 부모님께 협조를 요청하면
  거실에서 방으로 들어가주십니다.
★ 예전에는 일요일에 잠깐 게임을 했지만, 요즘은 너무 시간을 뺏기는 것 같아서 영상 편집을
  하거나 가족들과 시간을 보냅니다.

츄팝의 하루

- 영상 업로드 주 2회
- 주 2회 영상을 업로드 하는 츄팝은 첫째 날 촬영과 편집을 하고, 둘째 날 다시 남은 편집을 합니다.

- 첫째 날 일정

• 둘째 날 일정

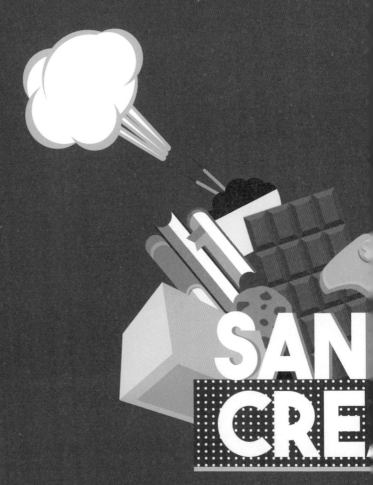

4장

매일매일
조금씩 성장하는
크리에이터 되기

SANDBOX NETWORK (샌드박스 네트워크) 구독자 132,074명

융짐
ㅋㅋㅋㅋㅋㅋㅋㅋㅋㅋㅋㅋㅋㅋㅋㅋㅋㅋㅋㅋㅋㅋㅋㅋㅋㅋ
ㅋㅋㅋㅋㅋㅋㅋㅋㅋ

샌박 친구
와! 이거 몇 번 봐도 안 지루하다. 비법이 뭐죠?

유녕이
엄청 재미있었으니까 많이 해주세요.

지민tv
제목에서부터 흥미가 솟습니다.

풀밭
저도 이런 기획 하고 싶어요. 제가 만든 것도 봐주세요~!

유미짱
크리에이터가 되고 싶어요. 공부는 ^^;;;

채널 호야
섬네일 너무 예쁘다. 나도 이렇게 만들고 싶은데!!!

크리에이터의
세계에서는 무엇보다
트렌드를 읽는 것이
중요!

세상이
어떻게 돌아가는지
끊임없이
관심을 가지고,
성장을 위해
늘 노력해야 한다

샌드박스 네트워크의
크리에이터들은
어떤 노력을
하고 있을까?

개성 넘치는
콘텐츠,
어떻게 만들어야 할까?

"후루룩~ 후루루루루룩~!"

"바사삭, 바사사사삭!"

"탁, 쏴아~~!"

매콤하게 끓여진 라면은 후루룩 소리를 내고 먹어야 제맛이다. 바삭한 튀김이 씹히는 고소한 소리, 쫄깃한 젤리가 치아 사이에서 질끈 씹히는 소리, 콜라가 목을 타고 넘어가며 타아 하고 터지는 소리… 이처럼 우리나라 먹방에서 소리는 보는 이들의 식욕을 자극하는 아주 중요한 요소다.

하지만 먹방이라고 다 같은 먹방이 아니다. 대만의 경우 먹방의 스타일이 우리와 사뭇 다르다. 그들은 음식을 먹을 때 입을 다물고

깨끗하게 먹는 문화가 있기 때문에 먹방에서도 그다지 '소리'를 많이 내지 않는다.

어느새 먹방은 세계적인 현상이 되었고 수많은 인기 크리에이터들을 배출해내고 있다. 하지만 같은 먹방이라 해도 나라마다 문화마다 다르며, 크리에이터들마다 천차만별이다. 덕분에 우리는 더 다양하고 재미있으며, 개성 넘치는 콘텐츠를 만날 수 있다.

유별나도 누군가 공감해준다면

뷰티 채널은 또 어떤가. 메이크업 전후를 비교해보면 도저히 같은 사람이라고는 믿기지 않을 만큼 엄청난 기술로 감쪽같이 변신한다. 또는 연예인도 울고 갈 정도로 아름다운 민낯을 뽐내고, 거기서 더 아름다워지는 마법을 부리며 시청자들을 단숨에 빨아들인다.

똥손도 따라 할 수 있을 만큼 기초적이고 쉬운 메이크업 방법을 알려주는가 하면 브랜드별 화장품 리뷰도 해준다. 영화 속 캐릭터를 고스란히 재현하는 분장이나 연예인 커버 메이크업까지, 실용적이진 않지만 크리에이터 특유의 개성과 재능을 뽐내며 정신없이 빠져들게 만드는 영상도 가득하다. 그저 보는 사람은 취향과 필요에 따라 선택하면 된다.

패알못(패션을 알지 못하는 사람)을 위해 옷 고르는 센스를 전해주는 채널, 요리 방법뿐 아니라 음식 재료 고르는 법을 소개해주는 채널, 각종 문구류를 대신 사용해보고 리뷰해주는 채널, 궁금한 과학실험을 해보는 채널, 기발한 아이디어로 웃음 폭탄을 제조하는 몰래카메라, 그냥 자신의 평범한 일상을 담은 채널 등 다양하다.

목소리 좋은 사람이 귓가에 잔잔하게 울리는 시를 낭송해주는가 하면, 사그락사그락 나뭇잎 뒹구는 소리, 똑똑 빗방울 떨어지는 소리, 사각사각 종이 위에 글씨 쓰는 소리. 이렇게 ASMR이라고 해서 특정 소리로 뇌를 자극해 심신을 편안하게 해주는 방송도 인기를 끌고 있다. 그중에는 '대체 저런 걸 왜 보지?' 싶을 만큼 희한하고 황당한 것들도 있다.

하지만 누군가에겐 희한하고 황당한 것이 아니다. 왜냐하면 세상에 존재하는 사람의 수만큼이나, 그들이 좋아하거나 관심을 갖는 대상은 각기 다르기 때문이다. 아무리 유별난 취미라 해도 어딘가에 그런 나의 취미와 취향에 공감해주는 사람이 있다.

물론 더 많은 사람의 공감과 사랑을 받는다면 더할 나위 없다. 하지만 각기 다른 취향, 선호도, 재능, 취미가 존중받는다는 것은 의미 있는 일이다. 사람들의 다양성은 보편적이고 획일화된 가치

기준에 의해 오랫동안 외면을 받아왔으니까. 남에게 피해를 주는 것만 아니라면 무엇이든 좋다. 조금 특이하고 남다른 취미라 해도 누군가는 공감해줄 수 있을 테니까.

나를 표현하자

"가장 중요한 것은 열정 아닐까요?"

샌드박스의 이필성 대표는 크리에이터에게 가장 중요한 것은 창작자, 기획자로서의 열정이라고 말한다. 주어진 일을 하거나 남이 시키는 일을 하는 직종이 아니다 보니, 스스로 콘텐츠를 기획하고 제작하는 마인드가 중요하다는 것. 그런데 창작자의 마인드만 있고, 그것을 표현하는 데 부족하면 역시나 크리에이터로 성장하는 데는 한계가 있다.

우리는 점점 자신을 드러내는 데 솔직해지고 있다. 그렇다면 크리에이터 역시 그런 사람들과 소통할 수 있어야 한다. 그래서 샌드박스 네트워크에서 신인 크리에이터를 뽑는 오디션을 진행할 때도 자기 자신을 드러내고 보여주는 데 거리낌이 없고, 그걸 통해서 공감을 얻으며 즐거움을 느끼는 사람들을 찾는 데 중점을 두었다.

"동양 문화권에 속한 사람들이 수줍음이 많고 자기표현이 서툰 편이잖아요. 재능이 있지만 그걸 드러내는 데 한계가 있었어요. 그런데 나를 세상에 보여주고 세상과 대화를 나누는 데서 즐거움을 얻는 사람들이 점점 많아지는 추세예요. 특히 어린 세대에게서 이런 특징이 두드러지고 있죠."

옛날에는 겸손이 미덕이었다. 웬만하면 감추거나 드러내지 않는 걸 오히려 인정해주는 문화였다면 지금은 세상이 달라졌다.

"나 오늘 이런 거 했어."

"그 말에 기분이 참 좋아."

"그건 지금 하고 싶지 않은데."

"내가 좋아하는 건 이거야."

이렇게 자신의 감정이나 취향을 드러내고 표현하는 데 거리낌이 없다.

다양하고 세분화된 취미나 관심사가 주목을 받으며 콘텐츠로서의 가치를 인정받고 있다. 하지만 그걸 어떻게 드러내고 표현하느냐도 중요해졌다. 아무리 좋은 것이 있어도 다른 이들과 공유하고 소통하는 과정이 부자연스럽다면, 성장하는 데 한계가 있다. 숨겨져 있던 자신의 취미, 재능을 꺼내보자. 그리고 많은 이들이 재미있어하고 공감할 만한 방식으로 표현해보자.

유일한
나만의 것을
찾아서

크리에이터는 자기만의 캐릭터와 개성이 중요하다. 자기 본연의 모습을 보여줌으로써 호감을 얻기도 하지만, 사람들은 대체로 콘텐츠에서 보이는 독특한 캐릭터와 매력에 끌리기 때문이다. 그래서 콘텐츠 안에는 캐릭터의 정체성 혹은 개성을 담아내야 한다.

나만의 개성과 정체성이 중요한 이유

라온은 음악 크리에이터로서 자신만의 음악적인 아이덴티티를 노래에 담아내기 위해 항상 노력하고 있다.

"음악은 세계 공통어라고 이야기할 만큼 언어나 지역을 뛰어넘는 경우가 참 많죠. 그래서 세상의 음악과 음악을 하는 사람들이 사랑을 받는 것이고요. 같은 이유로 경쟁이 심한 분야이기도 하답니다. 노래 실력이 좋은 사람들은 많기 때문에 사람들을 사로잡을 만한 자기만의 아이덴티티, 즉 개성이 중요해요. 그렇지 않다면 눈에 띄기 어렵죠."

다른 분야의 크리에이터들에게도 개성이 중요하지만, 특히 음악에서는 그 개성이 채널을 성장시키는 데 가장 근본적인 시작점이 되기도 한다. 그래서 자신의 개성을 어떻게 하면 노래에 잘 표현할 수 있을지 끊임없이 고민하는 라온이다.

세상에 노래 잘하는 사람은 많지만, 그중에도 특별히 라온의 노래를 듣고 싶어 하고 좋아해주는 사람이 많다는 건 바로 이런 고민과 노력의 결과 아닐까?

앞서 언급했지만 백수골방 역시 영화 리뷰 채널을 만들면서 "사람들이 영화를 더 사랑할 수 있게 도와주는 채널을 만들자"는 원칙을 세웠다. 자신이 운영하는 채널의 정체성을 명확히 하고, 크리에이터 역시 그 정체성에 부합하는 자기 캐릭터를 만들어가는 것이 중요하기 때문이다.

풍월량은 게임 스트리머이면서 건전한 방송을 하는 것으로 유명하다. 특히 게임 방송 쪽은 거칠고 자극적인 욕설을 내뱉는 경우가 많아서 그런 데에 거부감을 느끼는 이들이 풍월량의 방송을 좋아한다. 그뿐 아니라 풍월량은 동네 형, 옆집 아저씨 같은 친근함을 주는데, 부담 없는 편안함이 그가 지닌 매력 포인트다.

그는 편집 영상보다는 실시간 방송에 강하고, 실시간 소통을 더 좋아한다. 처음 방송을 시작했을 때도 게임을 최고로 잘하는 크리에이터를 목표로 한 건 아니었다. 물론 신작이나 중요한 게임 같은 경우엔 게임을 우선순위에 두지만, 대체로는 게임을 배경으로 하고 수다 위주인 경우가 더 많다.

그는 게임 방송을 보는 심리에 대해 이렇게 말한다.

"게임을 못한다고 시청자에게 핀잔을 들을 때도 있고, 훈수를 두시는 분들도 많아요. 그 또한 제 방송의 재미거든요. 어렸을 때 오락실이나 문방구 앞에 쪼그려 앉아서 게임을 했었어요. 지나가던 애들이 뒤에 와서 구경을 하죠. 잘하는 사람이 하면 옆에서 '우와'하고, 잘 못하는 사람이 게임을 하면 옆에서 훈수를 두는 재미로 보는 거예요. 그런 문화가 인터넷으로 옮겨 왔다고 봐도 무방할 것 같아요."

게임 방송은 대체로 게임을 잘하는 사람이 인기가 많은 편이다. 하지만 탁월한 실력이 아님에도 풍월량의 게임 방송을 사람들이 재밌게 보는 건 바로 이런 이유들 때문이다. 왁자지껄 떠들면서 게임 하는 길 같이 보는 것이다. 환호성도 지르고 훈수도 두고, 타박도 해가면서 떠드는 동네 친구들처럼.

나의 매력을 표현하는 네이밍

목소리 연기가 매력 포인트인 빨간토마토. 평소 〈컬투쇼〉 같은 라디오 방송을 즐겨 듣는다. 차를 타고 갈 때 들으면서 할아버지 목소리부터 여자 목소리까지 다양하게 따라 한다. '이걸 내 영상에 넣을 수 있지 않을까?' 하는 생각에 혼자서 여러 가지 목소리를 녹음해 영상에 넣기 시작했다.

"저는 이름을 어떻게 지어야 할지 몰라서 처음에는 인터넷으로 검색을 했어요."

빨간토마토의 눈에 처음 들어온 것은 록 밴드 이름을 짓는 방법! 자신이 입고 있는 속옷 색깔과 마지막으로 먹은 음식을 합치는 방법이었다.

"부끄럽지만 마침 빨간 속옷을 입고 있었고 토마토를 먹고 있었거든요."

그렇게 빨간토마토란 이름이 탄생하게 되었다. 우연히 만든 이름이지만 매력이 듬뿍 묻어나고, 독특해서 기억하기도 쉽다.

동네 형 같은 친근한 게임 크리에이터 겜브링은 취미로 유튜브에 영상을 올리기 시작했다. 재미있는 콘텐츠를 위해 여러 유튜브 영상을 찾아봤지만 국내에선 해외 영상의 퀄리티를 따라갈 만한 것을 찾기가 힘들었다. 그래서 겜브링은 이런 생각을 하게 된다.

'심심하게 게임 실황을 전달하는 것보다 코믹한 편집과 연출을 더해 영상을 만들면 사람들이 더 재미를 느낄 수 있지 않을까?'

그렇게 직장을 다니면서 취미로 일주일에 한두 개씩 영상을 올리기 시작했고 지금은 크리에이터가 되었다.

겜브링은 원래 꿈도, 직업도 간호사였다. 좋은 대학병원에 들어갔지만 간호사 일을 하면서 유튜브를 취미로 하는 게 현실적으로 힘들다는 생각이 들었다. 당시 겜브링은 30대 가장이었기 때문에 더 많은 고민을 했다.

"난 잘할 수 있을 거야. 자신감을 갖자. 좋아하는 일이니까 더 잘할 수 있어. 이렇게 생각했어요."

이런 자신감과 함께 샌드박스에서 해주는 조언과 아내의 응원이 큰 힘이 되었다.

겜브링은 힙합을 좋아해서 학창 시절에는 동아리 활동도 했다.

당시 닉네임이 '브링'이었는데 '힙합 문물을 가져오다'라는 뜻이다. 유튜브 채널 이름을 정할 때도 브링을 그대로 쓰려고 했다.

"난 게임을 좋아하니까 앞에 '겜'을 붙여서 '겜브링'으로 하자!"

그렇게 이름이 탄생하게 되었다.

팬들은 겜브링의 매력이 편안함이라고 한다. 겜브링은 캐릭터를 설정할 때도 팬들이 부담 없이 편하게 봤으면 했다. 그래서 다크서클이나 살, 덧니 같은 자신의 특성을 오히려 부각시켰다. 누군가는 약점으로 볼 수도 있지만, 시청자들이 더 재미있고 편하게 느꼈으면 했기에 캐릭터에도 최대한 이러한 특징을 반영했다.

자존감을 잃지 말자

"행복한데, 왜 이렇게 외로운 걸까?"

시청자와 소통하고, 팬들의 사랑을 받으며 행복을 느끼는 건 모든 크리에이터들이 누리는 행복이다. 하지만 아주 간혹 유튜브 속의 나와 현실 속의 나가 분리되지 않아 힘겨워하는 크리에이터도 있다.

도티 역시 방송을 하며 이런 점을 경계하는 노력을 많이 한다.

"방송을 하다 보니 인간 나희선과 도티 사이에 어느 순간 벽이 생겨요. 도티는 승승장구하며 사람들에게 인정받고 성공하고 있는데, 과연 그게 나희선의 성공일까? 이런 고민이 한때 깊게 찾아왔었어요. 도티는 사람들에게 즐거움을 주고 사랑을 많이 받아요. 하지만 그 상황에서 벗어나 '나'를 돌아보면 덜컥 낯선 느낌이 들었어요."

그는 '도티가 아닌 현실의 나희선도 사람들이 인정해줄까'라는 물음 앞에서 한동안 마음이 복잡했다. 그리고 이런 고민은 비단 도티뿐 아니라 많은 크리에이터들의 발목을 붙잡는 어두운 그림자이기도 하다. 인기나 명성으로 도피하거나 일에 몸을 숨긴다고 해결될 일이 아니다. 그렇다면 도티는 이런 고민들을 어떻게 해소했을까?

그는 먼저 인간 나희선으로서의 역할을 찾아보기로 했다. 외부 행사, 대학을 비롯한 각종 강연 등에 다니면서 나희선을 위한 시간을 가졌다.

"그런 일들을 의도적으로 해나가면서 조금씩 길을 찾아나갔던 것 같아요. 인간 나희선에 대한 자신감도. 도티와 나희선의 균형을 찾는 법도."

1인 크리에이터들은 혼자 일하는 경우가 많고, 주 활동이 온라인에서 이루어진다. 그러다 보니 현실과 온라인에서의 차이를 극복하지 못해서 힘들어하거나, 자꾸 온라인으로만 빠져드는 사람들이 있다. 간혹 인기가 예전 같지 않거나 조회 수가 떨어지면, 세상이 끝난 것처럼 절망에 빠지는 이들도 있다.

도티는 불안과 힘겨움을 반드시 해소해야 한다고 말한다.

"크리에이터 활동을 하면서 그런 고민에 부딪히게 되면 현실에서의 커뮤니티를 꼭 만드시라고 이야기해요."

현실의 내가 역할을 할 수 있는 모임이 있고, 거기서 사회생활을 할 수 있어야 한다는 것이다.

채널의 주인공으로 성공하는 건 분명 신나고 짜릿한 일이다. 하지만 그 성공에 숨은 그림자 때문에 외롭고 불안하다면 그걸 성공이라 말할 수 있을까? 어쩌면 가장 중요한 건 내가 일에서 느끼는 행복, 그 행복을 통해 나의 소중함을 느끼는 것 아닐까?

빠르게
성장하는
크리에이터들의 특징

"아니, 벌써 거의 62만 구독자?!!!"

샌드박스 네트워크의 오디션을 통해 발탁된 띠미는 매우 빠른 속도로 성장하고 있다. 출발점이 같아도 달려나가는 속도는 다르고, 같은 콘텐츠를 올려도 사랑을 받는 작품은 분명 따로 있다. 빠르게 성장하며 사랑을 받는 크리에이터는 어떤 점이 다를까?

전 과정을 스스로 해보는 것이 중요

앞서 말했듯이 띠미는 다양한 분야의 콘텐츠를 다루고 있다. 틀에 간히지 않은 여러 가지 모습을 보여주고 싶기 때문인데, 지금은 10~20대 여성 시청자가 많은 편이다. 연령대가 비슷하다 보니 그들의 감성을 잘 파악한다. 게다가 털털하고 솔직한 성격에 약간의 똘기가 오히려 호감으로 다가가는 케이스다. 특히 실사 중심의 엔터 콘텐츠를 제작하는 크리에이터의 경우, 트렌드를 좇는 게 굉장히 중요하다. 샌드박스의 매니저들은 이런 점에서 띠미가 탁월하다고 이야기한다.

"시청자가 관심 가질 만한 소재나 분야가 시시각각 변하기 때문에, 흐름을 잘 읽어야 하죠. 그러지 못하면 매일 남을 좇거나 따라하는 수준에 머물 수밖에 없거든요."

그래서 흐름을 빠르게 읽어내야 한다. 수시로 SNS를 보며 흐름을 읽고 또래들의 관심사에 촉각을 세우는 노력이 필요한 건 당연한 일. 하지만 띠미가 빨리 성장할 수 있었던 핵심 요인은 무조건 트렌드를 잘 읽었기 때문은 아니다. 그 트렌드를 재해석해서 자기만의 색깔이 들어간 콘텐츠를 만들었다는 데 포인트가 있다.

시청자가 어떤 걸 좋아하는지 탐구한 뒤, 최신 아이템을 찾아 내 색깔로 변화시키려면 구체적인 분석이 따라야 한다. 그건 오랜 시간의 노력과 성실함, 인내의 결과다.

"백 번의 생각보다 한 번의 시도가 낫다"는 말도 있지 않은가. 이

말처럼 넘치는 아이디어를 구체화하고, 거기에 트렌드를 접목해 직접 시도해보는 노력, 그것이 띠미가 성장한 가장 핵심적인 이유다. 그녀는 다양한 시도 속에서 좋은 콘텐츠를 선별해내는 눈을 기르고, 시청자의 취향이나 니즈도 읽어낸다.

도티도 직접 부딪쳐서 시도해보는 것이 중요하다고 강조한다. 초보 크리에이터라면 A부터 Z까지 혼자 해봐야 한다는 것이다.

"저는 1년 이상 콘텐츠 기획, 서칭, 촬영, 편집을 저 혼자서 했어요. 유통, 섬네일 미리보기 이미지, 메타 데이터 작성도 다 제가 했고요. 그게 진정한 1인 미디어죠. 그런 과정을 직접 경험해봐야 어떤 포인트에서 어떤 노력이 들어가고, 이 콘텐츠가 제작부터 유통까지 어떤 과정을 거쳐 흘러가는지를 이해할 수 있게 되거든요. 그래야 다른 이들과 협업을 하거나 더 성장해 팀이 생겼을 때에도 현명하게 조율할 수 있어요."

그는 처음 이 일을 시작하는 크리에이터들에게 처음부터 팀 단위로 할 생각을 하지 말라고 조언한다. 콘텐츠 기획부터 업로드까지, 전 과정을 직접 해보고 부딪쳐가며 배우는 경험은 다른 무엇과도 바꿀 수 없기 때문이다.

무슨 일이든 기본부터 배우라고 하지 않던가. 성장하고 싶고, 오래 가고 싶다면 바닥부터 다지고 올라가야 한다. 어떤 일이든 그렇다. 기초공사가 탄탄하면 쉽사리 무너지지 않는다.

쌓이는 콘텐츠만큼 성장한다

"일만 하니까 너무 지치는 것 같고 꼭 다른 사람을 위해서 일하는 느낌이야."

백수골방이 다니던 직장을 그만둔 것도 바로 이런 이유 때문이다. 물론 갓 입사한 직원에게는 맡길 만한 일이 적을 수밖에 없지만, 스스로 선택하고 결정할 수 있는 일이 없다면 누구라도 답답함을 느끼게 되지 않을까.

"어떤 일을 하다가 '이건 이런 방향으로 하는 게 더 낫지 않을까'라는 생각이 들어도 할 수 있는 일이 없었어요. 다른 사람이 시키는 일만 하면서 답답함을 느끼다가 문득 '5년 뒤, 10년 뒤에 내가 할 수 있는 일이 뭐가 있을까?'라는 생각이 드니까 무서워지더군요. 그래서 그만뒀어요. 제 색깔대로, 제 생각대로 말하거나 행동하지 못하는 문화가 제겐 잘 맞지 않고 힘들었기 때문이죠."

그렇다고 지금의 일상이 마냥 좋기만 한 건 아니다. 자유가 늘어난다는 건 그만큼 큰 무게의 책임도 따르는 것이니 말이다.

"누가 답을 정해주고 그걸 따라가면 사실 편하긴 하잖아요? 그런데 지금은 모든 일을 저 혼자서 고민하고 결정해야 하니까, 콘텐츠를 올리는 한 주, 한 주가 버겁다는 생각이 들 때도 있어요."

그럼에도 본인의 이름으로 내놓는 결과물에 자부심이 가득하다고 말한다. 실패의 경험이든 성공의 경험이든 상관없이 말이다. 혼자 답을 찾아야 하는 과정은 그 무엇이라도 힘들다. 그래서 그는 마주한 문제를 직접 해결하기 위해 더 많이 공부하고, 더 많이 연습한다. 그 과정에서 스스로 성장한다는 느낌이 굉장히 선명하게 드는데, 이것이 짜릿한 성취감을 준다.

"지금 제게 중요한 건 이 직업이 저에게 굉장히 잘 어울린다는 점이에요. 굳이 그 사실을 스스로에게 되뇌지 않아도 살아가면서 그걸 느낄 수 있는 기회가 자주 찾아오죠."

직장생활이 좋다, 크리에이터의 삶이 좋다, 흑백논리로 말할 수 있는 문제는 아니다. 단지 백수골방에게는 더 많은 자율성이 주어지는 이 일이 잘 맞았던 것뿐. 자신이 무엇을 좋아하고 어떤 삶을 살고 싶은 것인지, 어떤 게 나에게 더 맞는지를 찾아내보자.

스트레스와 불안 관리하기

마냥 행복하고, 좋기만 한 일이 있을까?

모든 일이 그렇듯 크리에이터라는 직업에도 좋은 점만 있는 것은 아니다. 크리에이터들이 가장 힘겨워하는 건 외로움과 불안. 혼자 하는 일이다 보니 불현듯 찾아오는 외로움을 나눌 사람이 없다. 고정된 월급이 나오는 것도 아니고, 계속 할 수 있을지도 확실하지 않다. 때로는 감당하기 힘든 불안감이 마음을 서늘하게 만들기도 한다.

견디기 힘든 시간을 마주하게 될 때, 크리에이터들은 이를 어떻게 극복할까?

크리에이터도 외롭다

"미래를 알 수 없는 불투명함 때문에 불안하거나 슬럼프가 올 때도 있어요."

크리에이터 라온은 언제까지 이 직업을 지속해나갈 수 있을지 걱정이 될 때가 있다. 작업을 거의 혼자 해야 하기 때문에 간혹 찾아오는 외로움 역시 안고 가야 할 숙제다.

하지만 라온은 이 불안감이 크리에이터만의 문제는 아니며, 모든 직업에서 느끼는 감정일 거라고 말한다.

"일을 하며 느끼는 '불안감'이 결코 크리에이터라는 직업에만 있는 게 아니라는 걸 알면 마음이 조금 편해져요. 저는 크리에이터 이전에 치과위생사였는데, 그 당시의 고민도 지금의 고민과 크게 다르지 않았어요. 동기들과 언제까지 이 일을 할 수 있을지 고민했고, 환자를 대하며 수없이 외로움을 느끼곤 했으니까요. 단지, 크리에이터들은 인터넷을 주 무대로 활동하다 보니 빠르게 변화하는 기술에 맞춰야 한다는 생각에 좀 더 예민하게 느끼고 고민할 뿐이에요. 이 사실을 되뇌면 불안감이나 슬럼프에서 한 발자국 빠져나올 수 있는 힘이 생겨요."

슬럼프 극복하기

신박하고 기발한 더빙 영상을 만드는 장삐쭈는 어떨까? 배꼽 잡고 웃을 수밖에 없는 영상을 만드는 사람이라면, 기발하고 재기발랄한 작품의 창작자라면, 불안이나 슬럼프 같은 건 남의 이야기 아닐까?

"저는 슬럼프를 인정하고, 그걸 입 밖으로 꺼내면 그때부터 슬럼프가 시작된다고 생각해요. 그래서 그 단어를 입 밖으로 안 꺼내죠. 기분이 처진다거나, 마음이 힘든 시간들이 와도 제가 슬럼프라고 규정하지 않으면 그건 슬럼프가 아니라고 봐요."

실제로 사람 일은 말하는 대로 된다고 하지 않던가.

"어휴, 짜증 나서 다 꼴 보기 싫어."

"기분이 우울해서 아무것도 하기 싫어."

"난 되는 일이 하나도 없어."

이런 말을 입에 달고 사는 사람들이 있다. 부정적인 말을 자주 내뱉는 사람은 실제로도 부정적인 감정이 생겨난다고 한다.

"듣는 사람이 한 명이건 두 명이건, 그걸 방송에서 말하는 게 가장 위험한 것 같아요. '저 슬럼프인 것 같아요'라고 말하는 순간 보고 있는 1,000~2,000명이 '아 이 사람은 지금부터 슬럼프야'라고 생각해버리니까요."

그래서 장삐쭈는 지금까지 한 번도 입 밖으로 "나 슬럼프야"라는 말을 꺼낸 적이 없다. 채널에 대한 고민은 꾸준히 하되, 그것 때문에 자신이 불행해지면 안 된다고 생각하기 때문이다.

"사람들이 사랑해주는 모든 채널들의 가장 첫 순간에는 분명, 그 콘텐츠를 만들면서 즐거워하고 행복해하는 나 자신이 있었을 테니까요."

물론 사람이 하는 일이기에 늘 즐거울 수는 없다. 일을 그만두고 싶을 만큼 속상할 때도 있고, 매너리즘에 빠져 일이 즐겁지 않을 때도 있다. 하지만 그런 감정을 정제하고 정화시키는 것 또한 프로가 지녀야 할 태도 중 하나다. 그리고 그 모든 과정이 어쩌면 자기와의 싸움인지도 모른다.

이것을 너무 잘 알고 있는 장삐쭈는 오늘 영상을 만들고, 그 안에서 행복해하는 자신과 만난다.

인기에 연연하지 말자

"모든 일이 그렇겠지만, 이 일은 특히 멘탈이 강해야 해요. 예를 들면, 작년엔 인기가 많았는데 올해는 작년 같지 않을 수 있어요. 본인이 주력하는 게임 자체의 인기가 떨어졌거나 아니면 크리에이터의 컨디션이 안 좋아서 인기가 떨어지는 경우도 있고요. 이럴 때 흔들리는 자기 자신을 잘 붙들고 있어야 해요."

풍월량은 사람들의 사랑과 관심을 받는 것은 행복한 일이지만, 그것에 너무 집착하지 않아야 한다고 조언한다. 크리에이터들 중 인기가 예전 같지 않다고 느끼거나, 조회 수나 시청자 수가 빨리 늘지 않으면 불안해하는 이들이 많다. 실제로 그런 것에 멘탈이 흔들려 방송을 접는 경우도 있다.

"어떤 면에서는 연예인들과 비슷한 속성이 있죠. 인기가 엄청 많은 스타였다 해도 결국에는 인기가 떨어지잖아요. 그걸 어떻게 버텨내고, 극복하느냐가 저희들의 숙제죠. 그래서 시청자의 반응이나 수치에 늘 신경을 쓰되, 거기에 좌지우지되지 않으려고 노력하고 있어요. 그걸 들여다보며 일희일비하지 말고, 차라리 다음 방송을 좀 더 재밌게 할 방법을 찾는 데 시선을 돌리는 겁니다."

주저앉고 싶은 순간은 누구에게나 언제든 찾아온다. 그럴 때 잠시 앉아서 쉬었다 가는 것도 방법이다. 혹은 그 일을 처음 시작했던 순간의 자신을 되돌아보며 힘을 낼 수도 있다.

크리에이터를 위해
학교를
포기하겠다고?!

"음악 실기 평가가 있는 날이면 그 전날부터 정말 떨렸어요. 이 떨림은 다른 친구들의 떨림과는 조금 달랐는데, 저에겐 걱정에 대한 떨림이 아니라 환희에 대한 떨림이었어요. 내가 연습한 것을 얼마나 잘 보여줄 수 있을지 기대에 대한 떨림이었죠. 그만큼 음악에 대해 정말 열정적이었습니다."

라온, 학창 시절 1등 경험이 가르쳐준 것

라온은 음악을 굉장히 좋아하는 학생이었다. 리코더부, 풍물놀이

부, 합창부, 밴드부 등 음악과 관련된 서클 활동에 누구보다 적극적이었다. 제일 좋아한 과목이 음악인 것은 당연한 일! 그토록 음악에 가슴 설레는 학생이었지만, 다른 공부도 소홀히 하지 않았다. 수학에서는 썩 좋은 점수를 받지 못할 때도 있었지만, 그녀에게는 '노력'이라는 강력한 무기가 있었다.

당시 그녀가 다니던 고등학교는 성적으로 등수를 나눠 반을 정했다. 라온은 3년 내내 상위권이 모인 1반이었다. 스스로는 공부에 재능이 없는 학생이었다고 말하는 그녀. 대학교 4년 내내 1등 장학생을 놓치지 않은 것도, 수석으로 졸업할 수 있었던 것도 재능이 아닌 노력 덕분이라고 말한다.

그녀는 자신이 있는 자리에서 자신에게 주어진 일에 늘 최선을 다했다. 학생 시절엔 공부를, 서클 활동을 할 때는 노래와 음악을, 직장에선 일을 열심히 했다. 그것이 혼자 일하는 지금까지도 그녀의 열정이 식지 않는 비결이다. 현재에 충실할 때 미래도 응답한다.

"학창 시절부터 변하지 않는 생각이 있어요. 현재 자신이 있는 곳에서 최선을 다하고, 지금 여기에 충실한 게 가장 중요하다는 점이에요."

성급해하지 말자

이미 크리에이터로 인지도를 올리며 돈을 벌고 있는 10대들도 있다.

'나도 학교 때려치우고 빨리 크리에이터의 세계에 뛰어들래!'

이런 마음을 먹는다면, 한 번 더 생각해보라고 크리에이터들은 말한다.

"성급하게 생각하지 않았으면 좋겠어요. 학창 시절 겪는 다양한 경험, 친구들과의 관계나 학교생활은 분명 의미 있는 경험이거든요. 그 나이 때가 아니면 할 수 없는 경험, 그때가 아니면 만날 수 없는 친구들… 그런 걸 섣불리 포기해야 할 이유가 전혀 없죠."

새로운 기회가 열린 것은 분명하다. 크리에이터라는 직업은 학력이나 성적 등 소위 스펙이 중요하지 않다. 입사 시험이나 승진 시험이 있는 것도 아니다. 각자 자신이 가진 재능과 콘텐츠를 선보여 사람들에게 사랑을 받고 인정을 받는 것만으로도 충분하다.

하지만 많은 크리에이터들의 말처럼 너무 성급하게 생각할 일은 아니다. 지금 활동하면서 많은 인기를 얻고 있는 크리에이터들 대부분의 나이가 최소 20대 중반은 넘었다. 누군가에게 즐거움을 나눠줄 수 있는 사람이 되려면 먼저 삶에서 다양한 경험을 많이 쌓는 것이 더 중요하다는 것을 보여주는 부분이기도 하다.

막연히 재미있어 보인다는 이유만으로 크리에이터가 되려는 생각은 위험하다. 결국 이 일도 세상에 있는 수많은 일 중 하나고 수많은 직업 중 하나이기 때문이다. 조금만 관심을 기울여서 찾아보면 세상에는 재미있는 일이 정말로 많다. 그중 무엇이 자신에게 잘 맞고, 또 잘할지는 도전해보기 전에는 모르는 일이다. 그 많은 가능성을 살펴보지도 않고, 미리 자신의 한계를 좁힐 필요가 있을까?

진로나 목표를 미리 정하는 것은 좋지만, 그걸로 꿈을 한정시키지는 말자. 아직 볼 수 있는 세상이 한정적이기 때문에, 그 이상을 생각하기 어려울 수 있다. 그러니 목표를 정하되 다른 가능성도 조금은 열어두는 것이 좋다.

이필성 대표만 해도 처음부터 꿈이 MCN 회사의 대표는 아니었다. 도티는 가수에서 문학가로, 또 법조인으로, PD에서 크리에이터로 꿈이 바뀌었다. 도티와 함께 샌드박스를 대표하는 잠뜰도 마찬가지다. 원래 꿈은 과학자였다.

우리의 꿈은 얼마든지 바뀔 수 있고, 직업 역시 마찬가지다. 그러니 남들이 하니까, 그냥 재미있어 보이니까 무조건 해보겠다는 생각이 든다면 조금 더 신중하게 생각해보자. 시야를 넓히면 또 다른 일이 자신을 좀 봐달라며 손짓을 할지도 모르니 말이다.

풍부한 사회 경험과 세상을 보는 눈

학교 공부를 포기하고 이 일에 올인하겠다는 친구가 있다면 도티는 뭐라고 말해줄까?

"아예 의미가 없다고 말할 순 없어요. 하지만 그보다 우선 과제가 있다는 건 말씀드리고 싶습니다. 크리에이터는 아이돌처럼 정해진 프로세스에 맞춰 키워지는 게 아니에요. 그보다는 정말로 자신이 좋아하는 것에서 시작해야 하고, 그걸 가지고 사람들과 소통해야 하죠. 내가 어떻게 표현할 수 있을까. 사람들하고 얼마나 잘 소통할 수 있을까. 이런 것들이 더 중요한 포인트입니다."

도티는 콘텐츠를 만들어서 시청자와 소통하려면 그만큼 자기 안에 많은 경험과 재료들이 있어야 한다고 강조한다. 사람들이 무엇을 좋아할지 파악하고, 남들보다 먼저 신선한 아이디어를 찾아내고, 그것을 아주 효과적으로 표현해야 한다.

이 모든 일을 혼자서 해내려면 기획력, 실행력, 표현력, 소통력… 그야말로 다양한 역량이 필요하다. 그러기 위해서는 풍부한 사회 경험과 세상을 보는 눈은 필수다. 개성 있는 콘텐츠는 저절로 만들어지지 않는다며 도티는 이렇게 말한다.

"지금 그 시절에 보고, 듣고, 경험할 수 있는 것들을 충실히 다

누려봐야 해요. 그런 후에 자신을 파악하는 거죠. 나를 표현하는 데 재능이 있는지, 남들의 이야기를 듣고 거기에 공감하는 능력이 있는지. 그 외에 콘텐츠 촬영이나 편집은 배워서 익히거나 도움을 받으면 되죠. 하지만 콘텐츠 아이디어를 만들어 나를 표현하고, 사람들과 소통하며 공감하는 건 인생의 경험을 통해서만 쌓을 수 있습니다."

풍월량도 생각이 다르지 않다.

"지금 10대들이 선망하는 직업 1위가 유튜브 크리에이터라고 해요. 이 직업이 얼핏 보기엔 편하게 일하고 쉽게 돈을 버는 걸로 오해하는 이들이 있어요. 절대 그렇지 않은데 말이죠. 이런 편견으로 섣불리 도전하는 건 썩 권하고 싶지 않습니다."

다양한 일상의 경험을 충분히 하면서 자신이 정말로 좋아하는 일, 하면서 진심으로 즐거울 수 있는 일을 찾아보는 건 어떨까? 그에 대한 기억과 경험들을 차곡차곡 쌓다 보면, 그것이 다 자기만의 보물 같은 자산이 되어 있을 테니까. 거기서 무엇을 꺼내 콘텐츠로 만들게 될지는 아무도 모를 일이다.

지금 당장 무언가를 해야만 한다는 생각에 사로잡히지 말고, 우선 사람들에게 사랑받을 수 있는 사람이 되자. 그러기 위해서는 먼저 스스로를 사랑하는 사람이 되어야 한다.

학교생활을 하면서 크리에이터에 도전하려는 친구들에게

"요즘은 스트리머라는 직업에 대한 인식도 좋아졌으니까 동료 스트리머들이 많아졌으면 좋겠어요. 그리고 더 많은 사람들이 시도해보기를 바라고요. 스스로 즐길 준비만 되어 있다면, 정말 재미있는 직업이거든요."

중학교 2학년 때 게임 방송을 시작해 인기 크리에이터가 된 김재원은 이렇게 말한다. 하지만 모두가 그처럼 성공한 크리에이터가 되는 건 아니다. 특히 학교생활을 병행해야 하는 학생들의 경우, 현실적으로 제약도 많은 데다 크리에이터 활동에 신중해야 할 필요도 있다.

10대 중에는 크리에이터를 꿈꾸는 이들이 많을 뿐 아니라, 실제 크리에이터로 활동하는 이들도 있다. 하지만 인기 있고, 유망 직업이라고 해서 모두 크리에이터가 될 수 있는 건 아니다. 그렇다면 어떻게 접근하는 것이 좋을까?

샌드박스의 크리에이터나 업계 전문가들은 일단 취미로 시작해볼 것을 권한다.

아직은 학생임을 잊지 말자

풍월량은 이 일이 어떤 면에서는 창작과 비슷하다고 말한다. 만화가나 소설가들이 당장 공부를 때려치운다고 글이 나오거나 그림이 나오는 건 아니지 않느냐고 반문한다. 일반인들이 느끼는 것들을 경험하고, 거기서 자기 작품에 사용할 재료들을 모으는 게 더 중요하다는 뜻이다.

당장 학교생활을 접고 바로 이 일을 할 필요는 없다는 것이 그의 생각이다. 대신 자신의 일을 충실히 하되 취미 삼아 경험해보는 것은 좋다고 권한다. 학교생활이나 학과 공부도 기본적으로는 충실했으면 좋겠다고 덧붙인다. 좋은 성적을 받으라는 게 아니라, 많이 보고 듣고 배우라는 의미다.

"저는 게임 방송을 하며 아쉬운 점이 있어요. 제가 여행을 많이 못 해봤는데, 그게 무척 아쉽더라고요. 내가 이곳저곳 세상의 다양한 곳을 다니며 경험했다면 더 재미있는 이야기를 나눌 수 있었을 텐데. 친구를 더 많이 사귀어봤다면 더 많은 이야기들을 들려줄 수 있었을 텐데. 그런 생각을 자주 합니다. 대신 어렸을 때 읽은 만화책과 소설책이 많은 도움이 되죠. 간접 경험이지만 시청자와 소통할 이야깃거리가 되니까요."

만일 먹는 걸 잘해서 먹방을 하고 싶다면, 먹방 채널을 운영해보는 것도 좋다. 이때 그 음식의 유래라든지, 음식 재료의 원산지에 대한 이야기라든지, 그 음식에 얽힌 재미난 에피소드 등을 활용하면 훨씬 더 좋은 콘텐츠를 만들 수 있다. 남들과는 다른 자신의 개성을 담아 경쟁력을 높이는 것이다.

풍월량의 아들은 아빠처럼 게임 크리에이터가 꿈이라고 한다. 물론 그는 아들의 꿈을 적극 지지하지만 아직은 시기상조라며 이렇게 말한다.

"조금 더 나이가 들어 사리분별이 가능해지면, 그때는 본인이 하고 싶다는 걸 말리지 않을 생각이에요. 하지만 지금은 단순히 아빠랑 같이 게임을 하고 싶어서 그렇게 이야기하는 거죠. 자기 적성과 재능을 알아보는 워밍업 차원에서, 취미 수준에서 경험해보는 건 좋다고 생각합니다. 그것이 정말 자신이 원하는 길인지, 미리 알아볼 수 있다면 좋은 것이니까요."

자신의 가능성 먼저 점검하기

경력 6년 차의 게임 스트리머 김재원은 중학교 2학년 때 게임 방송을 시작했다. 처음에는 사람들에게 게임 화면을 보여주고, 그걸 보고 사람들이 재미있어하는 게 좋았다. 그처럼 막연한 호기심에 취미로 시작한 일이 어느새 직업으로 바뀐 케이스.

"취미 삼아 시작하길 잘했다는 생각이 들어요. 이 일은 쉽게 시도할 수 있다는 점이 장점이지만 한편으론 그것이 단점이 될 수도 있어요. 막상 해보면 생각처럼 잘 되지 않기도 하고, 적성에 안 맞기도 하거든요. 제가 처음부터 모든 걸 포기하고 여기에만 매달렸다면 부담감도 크고 힘들었을 거예요. 제가 이 일에 맞는 사람인지 알아보는 워밍업과도 같은 시기가 정말 도움이 되었어요."

김재원이 게임 스트리머로 성공하기까지 6년이 걸렸다. 이 일에서 성공하겠다는 마음으로 달려들기보다는 취미로 시작한 게 오히려 좋았다. 처음 얼마 동안은 학교생활과 병행하며 자신의 능력을 가늠해보는 시간을 가졌다. 그리고 그 시간들이 실패를 유연하게 받아들이고, 조급한 마음에서 벗어날 수 있는 동력이 되기도 했다.

김재원은 게임 스트리머가 더 많아지길 바란다. 그리고 자신처럼 10대 시절에 도전하는 것도 권장한다. 단, 반드시 자신의 가능성을 점검하는 단계가 필요하다.

크리에이터는 굉장히 높은 수준의 창의성과 타고난 재능이 요구되는 일이다. 남들과는 다른 내면의 노력이 필요할 수도 있다. 작가, 연예인, 운동선수, 화가, 예술가와 같이 특별한 역량이 요구되는 일이기 때문에 성공했을 때 굉장히 큰 명성과 보상이 따르는 만큼 또 성공하기 어려운 일이기도 하다.

냉정하게 말하자면, 크리에이터로 성공하고 싶어 하는 사람들에 비해 성공하는 사람은 소수에 불과한 것이 현실이다. 그래서 콘텐츠를 만들어보고 경험하는 것은 좋지만 너무 쉽게 생각하는 건 경계해야 한다. 운동은 누구나가 좋아할 수 있지만 모두 운동선수가 될 필요는 없지 않은가. 마찬가지로 취미로 콘텐츠를 제작해보고 크리에이터에 도전해보는 건 권장할 만한 일이다. 하지만 평생의 직업으로 삼으려면 좀 더 신중해야 한다.

누구나 할 수 있기 때문에 쉽다고 생각하는 사람들이 있지만, 쉽게 진입할 수 있는 반면 제대로 성공하기는 굉장히 어렵다. 자기 확신 없이 무작정 접근할 수 없는 것이다.

그러니 유튜브에 영상을 하나 올리거나 라이브 방송을 한 번 하고서 '나도 이제 크리에이터야'라고 말하는 건 조금 섣부르다. 물론 자기 콘텐츠를 올리면 누구라도 크리에이터라 할 수 있다. 하지만 그 일을 취미로 즐기는 것과 직업으로 삼는 것은 아주 다르다는 사실을 명심해야 한다.

경험해보고 싶은 세계가 있을 때, 머릿속으로만 생각하는 것보다 실제 도전해보는 것은 큰 도움이 된다. 단, 지금 현재의 삶을 다 팽개치고 덤벼들 필요는 없다. 이 일이 나에게 맞는지, 내게 재능은 있는지를 가늠해보는 정도로 시작해보자. 그러다 정말 탁월한 재능이 발휘된다면? 그럼 그야말로 타고난 크리에이터가 되는 거다.

도티&잠뜰, 라온, 김재원, 백수골방의 기획 발전 노트

1. 도티&잠뜰

10대와 부모의 마음을 동시에 사로잡으려면?

- 기존 미디어에서 소외받고 있던 10대들을 위해 그들이 공감하며 즐길 수 있는 콘텐츠를 제작하여 유통하려고 노력하는 것이 중요합니다. 이것이 바로 도티&잠뜰 TV의 가장 큰 강점!

- 10대들의 문화를 이해하기 위해 다양한 커뮤니티, SNS 등을 수시로 모니터링하며 연구합니다.

- 샌드박스 에듀케이션 채널 개설: 유튜브 초창기, 마구 잡이로 나오는 불건전한 콘텐츠들 사이에서 한국 최초

로 구글의 지원을 받아 교육 출판사와 샌드박스 에듀케이션 채널을 개설하여 교육 목적의 콘텐츠를 제작했습니다. 도티&잠뜰 TV 못지않게 반응이 좋았으며, 유튜브 콘텐츠에 대한 학부모의 인식을 바꾸는 데 결정적인 계기가 되었습니다.

다양한 캐릭터들의 관계에서 나오는 무한한 세계관

• 국내 최고의 게임 크리에이터로 구성되어 있는, 도티&잠뜰이 속한 그룹인 '도도한 친구들(도티, 잠뜰, 수현, 칠각별, 쵸쵸우, 코아)'을 통해 다양한 세계관을 형성합니다. 자유도가 높은 마인크래프트 게임 내에서 한국 최초로 연극형 콘텐츠를 제작, '플레이 하고 싶은 콘텐츠'의 패러다임에서 '보고 싶은 콘텐츠'라는 새로운 인식으로!!

• 마인크래프트를 통한 장편 애니메이션 시리즈물(외계인 학교, 초능력 연구소)을 여러 편 제작했습니다. 추후에 도도한 친구들의 세계관을 활용한 극장판 애니메이션 기획까지!

Better 콘텐츠를 위해 과감하게 투자하자

- 채널 운영 초기에는 기획, 촬영, 편집, 유통 등 모든 콘
  텐츠 제작 과정을 크리에이터 혼자 했습니다. 채널이
  성장하고, 시청자에게 더 나은 콘텐츠를 보여주고자
  하는 마음이 있어 현재는 전문 기획자, 에디터, 작가로
  구성된 D-Studio라는 제작 그룹을 만들어 함께 콘텐
  츠를 제작하고 있습니다. 뿐만 아니라 SMF(마인크래프
  트 서포터즈)를 운영하여 지속적으로 콘텐츠 개발자를
  기르는 프로젝트를 진행하고 있습니다.

- 콘텐츠의 다양성을 위해 회사 내 전문 프로덕션팀을
  만들어 엔터테이너로서 보여줄 수 있는 다양한 드라
  마, V-log 등의 실사 콘텐츠를 시도하고 있습니다.

2. 라온

처음에는 단순하게 제작

- 처음 커버 영상을 만들 때는, 단순히 노래 부르는 스스
  로의 모습이 좋아서 그 모습을 남겨두기 위해 자기 만
  족용으로 만들기 시작했어요. 그 당시의 '나'를 기록으
  로 남기기 위한 것이었기에 특별한 영상 기법 없이 단

순하게 제작했습니다.

시청자의 성향을 파악해서 완성도 있는 콘텐츠로

- 채널이 성장함에 따라 시청자에게 조금 더 완성도 있는 콘텐츠를 제공해드리고 싶은 욕심이 생겼습니다. 그러기 위해선 먼저 제 채널 시청자들의 성향을 파악하는 것이 중요했지요.

- 2D 캐릭터 제작: 주로 애니메이션 주제가를 부르는 만큼, 채널에 유입되는 많은 시청자 역시 애니메이션에 관심이 많습니다. '애니메이션을 좋아하는 그들에게 무엇을 제공할 수 있을까?' 하는 고민 끝에 이라온 2D 캐릭터를 제작하게 되었습니다. 영상 내 자막을 통해 지속적으로 캐릭터를 노출시킨 결과, 많은 시청자들이 라온 캐릭터에 열광했고 캐릭터와 관련된 굿즈에도 큰 관심을 주셨어요.

영상 퀄리티는 어떻게 높일까?

- 많은 팬이 생기면서 영상 퀄리티에 대한 고민도 커져 갔습니다. 이는 여러 가지 영상 기획 방법을 다방면으

로 시도하는 계기가 되었습니다. 영상 4분할 기법으로
한 사람이 풍부한 합창을 하는 듯한 영상, 특정 역할을
나누어 노래 가사에 맞게 연기를 하는 기획 영상, 노래
장르에 맞게 의상을 바꾸거나 효과 이미지를 추가한
영상 등.

- 영상 퀄리티가 향상됨에 따라 그와 비례하여 채널이
  성장했고, 기존의 시청자들도 매주 바뀌는 영상의 콘
  셉트로 좀 더 흥미롭게 영상을 시청할 수 있게 되었습
  니다.

팬과의 관계는 어떻게 발전시킬까?

- 아티스트와 팬의 유대관계를 어떻게 건전하게 발전시

킬 수 있을지가 항상 고민입니다. 팬과의 관계를 고민하는 것은 굉장히 중요하지요.

- 팬 기억 노트 제작: 노래를 사랑하는 만큼 팬들을 사랑하기에, 그분들의 사랑을 저만의 방법으로 기억하기 위해 '팬 기억 노트'를 제작했습니다. 팬밋업(팬미팅)이나 팬 사인회, 또는 라이브 방송 때 기억에 남는 분들의 이름과 특징을 노트에 적어두고, 나중에 다시 만났을 때 기억하기 위해서였죠. 결코 이것으로 제가 받은 사랑을 전부 다 돌려드릴 순 없겠지만, 기억을 하면서 팬분들에게 작게나마 기쁨을 드리고 싶은 마음이 크답니다.

라온의 팬 기억 노트

- 무엇보다 그분들에게 부끄럽지 않은 제 자신이 되기 위해 노력하는 게 제일 중요하다고 생각합니다. 저부터 올바른 방향으로 성장해야만 건전한 팬 문화를 만들 수 있다고 생각하기 때문이에요.

3. 김재원

'메이코패스' 캐릭터 개발

- 게임 실력을 기반으로 오버워치 내 '메이코패스'라는 지능적인 캐릭터로 포지셔닝 했습니다. 제목과 섬네일을 활용해 메이코패스 캐릭터를 노출했습니다.
- 게임 플레이 과정에서 상대 플레이어를 향해 재미있는 장난을 치는 역할을 하다 보니, 자연스럽게 악동 이미지를 형성할 수 있었습니다.

스토리텔링 가미

- 단순히 게임(오버워치)을 플레이 하고 플레이 장면을 보여주는 것에만 포커스를 맞추지 않고, 상대 플레이어를 활용하거나 크루 멤버를 활용한 상황극을 구성해 콘텐츠를 기획했습니다.
- 오버워치의 경우 팀보이스를 활용해 특정 시추에이션을 만들거나 '중2병', '엠씨다크맨'이라는 콘셉트로 상황 전반을 구성했습니다.

4. 백수골방

내 채널의 매력을 알릴 수 있는 방법엔 어떤 것이 있을까?

- 내 채널의 매력 알리기: 아마 유튜브 운영을 처음 시작하는 사람들에게, 가장 어렵고 막막하게 느껴지는 진입장벽 중 하나라고 생각합니다. 이미 구독자도 많고, 시청할 콘텐츠도 많은 유명한 채널들 대신 내 채널을 봐달라고 사람들에게 어필할 수 있는 요소를 찾는 일은 정말 어려우니까요.

- 처음엔 유명한 영화부터: 모르는 사람이 없을 정도로 유명한 영화들 위주로 리뷰 영상들을 만들었습니다. 일단 유명한 영화들의 이름값으로 시청자들을 유입시킨 다음, 그 안에서 제가 가지고 있는 콘텐츠와 캐릭터를 보여주는 방법입니다.

- 무조건 영화 제목을 붙이기: 채널 운영 초창기의 영상 제목에는 무조건 영화의 원래 제목을 집어넣었습니다. 누구나 알 법한 영화라면, 그 영화에 대한 리뷰 콘텐츠에 호기심을 느낄 만한 잠재적 시청자도 많을 것이란 생각이었습니다. 덕분에 채널은 꽤나 빠르게 성장했습니다.

하지만 채널 개설 1년이 지난 이후에는, 그 전략으로만 채널을 운영하기가 힘들어졌습니다. 소재로 활용할 수 있는 유명한 영화들의 수는 한정되어 있으니, 그 전략을 고집한다면 결국 채널의 수명도 한정될 수밖에 없었던 셈이죠.

채널 운영 초기 이후의 전략

- 영화의 특별함을 드러내기: 유명하지 않은 영화도 콘텐츠의 소재로 활용하되, 그 경우에는 영화의 원래 제목을 영상 제목에 넣지 않기로 했습니다. 대신 그 영화들이 가진 소재의 특이성, 시청자에게 어필할 수 있는 매력 요소들을 집어내서 영상 제목에 반영했습니다. 그런 전략을 사용한다면 그 영화를 모르는 사람들에게도 호기심을 불러일으킬 수 있고, 또 앞으로 활용할 수 있는 콘텐츠의 소재도 무한하게 확보하게 되니까요.
- 깊이 있는 리뷰와 해설은 유지: 여전히 초반에 채널이 성장하게 해주었던 원래의 정체성, 특정 영화에 대한 깊이 있는 리뷰 및 해설 콘텐츠도 빼놓지 않고 있습니다. 한 달에 한 번 정도 유명한 영화에 대한 콘텐츠를

제작해서, 초기에 채널을 성장시켜주고 지금까지 지지해주는 코어 시청자들을 놓치지 않으려 하고 있습니다. 설사 그 영상들의 조회 수가 잘 나오지 않더라도, 그런 영상들이 제 채널 고유의 색깔과 경쟁력을 유지하는 데 힘을 보태주고 있다고 생각해서 계속 만들어나가고 있죠.

진정성을 잃지 말자!

• 채널 운영 전략도 중요하지만, 역시 가장 중요한 건 제 채널을 만들어가는 진정성이라 생각합니다. 저희가 크리에이터라 불릴 수 있는 건 결국, 구독자분들이 우릴 믿어주시고 계속 지켜봐주고 있기 때문이니까요!

5장

우리,
함께라면
무엇이든 가능해

SANDBOX NETWORK (샌드박스 네트워크)　구독자 132,074명

융짐
크리에이터 짱짱♥♥

샌박친구
웃겨서 눈물 나고 배 아파요ㅋㅋㅋㅠㅠㅠㅜ

유녕이
샌드박스 영상은 항상 힘이 돼요.

지민tv
샌드박스 멤버 돼서 꼭 무대에서 춤추고 사인해주고 해야지~!

풀밭
저도 꼭 훌륭한 크리에이터가 될 거예요. 앞으로 재미있는 영상 많이 올려주세요!

유미짱
저 이거 완전 좋아해요! 내 맘을 어떻게 아셨을까?!!!

채널호야
와우우우우!!!! 오늘 콘텐츠 너무 재미있어요. 실화임?

휴대폰 하나면
누구와도
친구가 되는 세상!
취향도, 관심사도
각각 다른 사람들

내가 만든 영상은
과연 어떤 사람들이
보게 될까?

사랑받는
크리에이터가
되기 위해서는
어떻게 소통하고
교감해야 할까?

우리는 왜
소통하고 싶어
하는 걸까?

"제가 좋아하는 스타요?"

10대들의 워너비이자 롤모델인 도티. 다른 사람의 관심과 사랑을 잔뜩 받는 그도 좋아하는 스타나 연예인이 있을까?

당연히 있다. 바로 김연아 선수. 놀랍게도 그가 제일 처음 만든 영상이 바로 김연아 선수 팬무비라고 한다.

도티를 크리에이터로 만든 덕질

도티가 유튜브를 시작하겠다고 마음먹은 계기는 다름 아닌 김연아 선수였다.

"제가 김연아 선수를 엄청 좋아했어요. 진성 덕후였죠. 그래서 김연아 선수와 관련된 영상을 꽤 많이 가지고 있었어요. 주니어 시절부터 시작해서 경기별 영상, 국가별 영상, 해설별 영상 등 다양한 자료를 고화질로 다 보유하고 있었죠. KBS에서 방영했던 〈종달새의 비상〉이라는 다큐멘터리는 거짓말 안 보태고 100번 넘게 봤을 정도예요."

그에게는 김연아 선수가 스타인 동시에 인생의 롤모델이었다. 아름답고 우아한 선을 그리며 빙판 위를 달리고 비상하는 모습과 그 모습이 있기까지 숨겨진 철저한 자기와의 싸움. 그 모든 것이 도티의 마음을 흔들고 감동을 주었다.

김연아 선수의 진성 덕후였던 도티는 같은 마음을 가진 이들과 소통하고 싶어서 팬카페와 각종 커뮤니티 활동을 열심히 했다. 오프라인 정모에도 참석했다. 한국에서 그랑프리 파이널 경기를 했을 때는 현장에 달려가 열정적인 응원도 했다. 하루의 모든 일상이 김연아로 시작해서 김연아로 끝날 정도.

그러다 문득 '이렇게 좋아하는 내 마음을 다른 방식으로 표현할수는 없을까?'라는 생각이 들었다. 그는 자신이 할 수 있는 일이 뭔지 고민했다. 응원하는 마음을 나 혼자 간직하기보다는 진심으로 표현하고 싶었기 때문이다.

스스로 노력하는 자는 하늘도 돕는다고 했던가.

'그동안 모아둔 김연아 선수의 영상이 있었지?'

이런 생각이 불현듯 들었고, 팬무비를 만들어야겠다는 아이디어가 떠올랐다. 몇 개월 동안 독학으로 영상 편집도 배웠다. 그렇게 혼신의 힘을 다해 만든 김연아 선수의 팬무비는 어땠을까? 당연히 많은 사람들에게서 엄청난 호응을 얻었다.

누군가를 좋아하는 소중한 마음

"제가 그때 영상 편집하는 기술을 안 배웠다면, 유튜브에 채널 운영할 생각을 했을까요? 어쩌면 김연아 선수 덕분에 이 일을 하게 된 건지도 모르겠어요. 정말 소중하고 감사한 일이죠. 지금의 저를 있게 한 김연아 선수와 콜라보를 하는 것이 제 크리에이터 인생의 목표예요."

우리는 끊임없이 누군가와 소통하고 싶어 하고, 교감하고 싶어 한다. 이해받고 싶고, 또 이해하고 싶다. 내가 좋아하는 사람에 대한 소통의 간절함은 더할 수밖에 없다. 누군가를 좋아하고 응원하는 마음과 그것을 표현하는 과정 속에서 도티는 자기의 꿈을 발견했다.

"제가 경험해봤기 때문에 저를 좋아하는 팬들이 어떤 마음인지 잘 알아요. 제가 누군가를 진심으로 좋아해봤고 그 사람을 따라다녀봤기 때문에 팬들이 제게 보내는 감정이 어느 정도의 농도인지를 이해할 수 있죠. 그 소중한 마음이 모여서 우리가 좀 더 행복해지면 좋겠어요. 그리고 자신의 꿈을 발견하는 동력이 된다면 더 행복한 일이고요."

도티가 김연아 선수를 좋아하고 응원하며 그녀를 롤모델로 삼은 것처럼, 지금 도티는 또 다른 누군가의 롤모델이다. 그를 사랑하고 응원하는 마음도 누군가의 가슴에서는 새로운 꿈의 씨앗으로 자라나고 있을지도 모르겠다. 제2, 제3의 도티를 희망하며.

소통의 매력

"게임을 못하는데 이 채널은 왜 이렇게 인기가 많은 거야?"

게임 잘하는 사람의 플레이를 검색해서 구경하다 마음에 들면 그 사람의 채널을 구독하게 되고, 팬이 된다. 이처럼 게임 영상을 보는 이들은 기본적으로 뭔가 배우거나 정보를 얻으려고 구독을 시작한다. 그래서 풍월량의 방송을 처음 보는 사람들은 조금 당혹스러워한다. 게임을 못하는데 왜 이렇게 보는 사람들이 많은지 모르겠다는 것이다. 그렇다면 게임 실력이 그다지 탁월하지 않은 풍월량의 방송은 왜 인기 있는 것일까?

실력으로 승부하는 이들도 있지만, 그는 다른 쪽의 매력으로 승부한다. 게임 못하는 동네 형이 주는 허당미? 게임 실력은 다른 사람에 비해 조금 떨어지지만, 보는 사람들을 재밌게 해주고 친구같이 대하는 것이 그의 매력이다. 그리고 상당히 많은 사람들이 그의 허당미와 수다에 흠뻑 빠져 있다.

재미있는 영상을 보며 똑같이 배꼽을 잡고 낄낄댄다고 해도 TV방송은 한방향 통신이다. 그에 반해 1인 크리에이터들의 방송은 쌍방향으로 진행되고, 실시간 방송의 경우 소통의 속도가 훨씬 빠르고 긴밀하다. 그러다 보니 '내가 만든 영상이니 보든 말든 마음대로 해'가 아니라 함께 만들어나간다는 의미가 크다.

게임 진행에 훈수를 둘 수도 있고, 비판을 가할 수도 있으며, 별거 아닌 말로 한바탕 웃을 수도 있다. 그리고 그런 의견이 공허한 메아리로 떠도는 게 아니라 크리에이터와 그 방송을 시청하는 모든 이들에게 공유가 된다. 쌍방향으로 소통하며 함께 방송에 참여

한다는 것, 그건 아주 큰 매력 아닐까?

풍월량 방송의 주 시청자는 20~30대 위주고, 10대는 적은 편이다. 그가 방송을 시작한 지 10년이 되어가다 보니 팬들도 그와 함께 나이를 먹었기 때문이다.

"제가 20대에 방송을 시작했는데, 그때 방송을 보던 분들도 주로 20대였어요. 그분들이 저와 함께 30대가 됐죠. 그때 10대 후반이었던 분들은 20대가 됐고요. 팬들과 함께 나이를 먹어간다는 게 묘한 느낌을 주더라고요. 물론 새로 오시는 시청자분들도 언제나 환영이죠. 하지만 팬과 함께 오랜 시간을 걸어가는 것도 굉장한 힘이 되네요."

콘텐츠는
혼자 만드는 게
아니다

"슬라임에 짜장면 소스나 탕수육 소스를 섞어서 만들어보면 어때요? 궁금하다."

"형, 게임 스트리머 맞아? 아까 거기서 선방을 날렸어야지, 왜 이렇게 게임을 못하는 거?"

"오늘은 우리랑 밤새도록 수다 떨어줘요."

"짝눈은 눈 화장을 어떻게 해야 하는 거죠? 비법 전수 좀!"

무슨 일이든 혼자 하는 것보단 함께 하는 게 더 재밌다. 보는 사람이 있으면 더 즐겁고, 호응해주면 신이 난다. 그것이 다소 황당한 부탁일지라도. 그것이 툭툭 내뱉는 타박의 말일지라도. 그 안에는 관심과 애정이 들어 있다.

시청자의 아이디어로 기발한 슬라임 만들기

"이런저런 거 넣어주세요!"

츄팝에겐 팬들이 아이디어를 많이 제공한다. 본인들이 원하는 재료를 섞어달라는 요청을 하는 것이다.

"친구들이 궁금하다며 여러 가지 요청을 해요. 특히 먹을 것을 섞어서 슬라임을 만들어달라는 요청이 제일 많죠. 과일즙이라든지, 짜장면 소스나 탕수육 소스 같은 것들이요. 상상력이 풍부하고 궁금한 게 많다 보니까 생각지도 못한 다양한 재료들을 말할 때가 있어요."

물론 요청하는 재료들을 다 넣을 수는 없다. 누구는 재미있게 받아들이지만 또 누군가는 불편해할 수도 있기 때문이다. 그래서 나름대로 심의를 하고 자체 순화를 하는데, 탕수육 소스 대신 걸쭉한 전분물을 넣는다거나 하는 식이다.

츄팝은 시청자가 요청하거나 제안하는 아이디어를 꼼꼼히 살펴본다. 미처 생각지 못한 좋은 아이디어를 얻을 수도 있고, 그런 과정에서 팬들과 소통하는 게 의미 있다고 생각하기 때문이다.

"제 방송은 저 혼자 만드는 게 아니에요. 이걸 재밌게 봐주시고, 애정을 가져주시는 분들과 함께 만드는 거죠."

공감하고, 이야기 나누자

장삐쭈는 학창 시절에 선생님들과 썩 좋은 관계가 아니었다. 그러다 보니 수업시간에 충실하거나 공부를 열심히 하게 되지 않았다. 비록 수업시간에 잠을 청하고, 선생님들과 불화하며 평탄치 않은 학창 시절을 보낸 그였지만, 그 시절의 그에게도 숨통을 틔워주는 선생님이 계셨다.

"고등학교 때 문학 선생님 덕분에 견딜 수 있었어요. 제게 관심을 가져주고, 인간적으로 대해주셨죠. 체육 특기생인 제게 야자를 강요하고, 욕설을 하거나 매를 드는 선생님들과는 달랐어요. 문학 선생님이 좋아서, 그 선생님을 실망시키지 않으려고 문학 공부를 무척 열심히 했어요."

그 시절 장삐쭈는 시나리오나 소설에 관심을 갖게 되었고, 그 분야를 파고들면서 탐구했다. 그의 학창 시절이 썩 즐겁진 않았지만, 한 줄기 햇살 같았던 문학 선생님 덕분에 그는 글 쓰는 재능을 발휘할 수 있었다.

그뿐 아니다. 학창 시절 느낀 교육의 문제점, 그리고 아이들의 내면은 보지 않고 성적이나 겉모습으로만 판단하던 선생님들에 대한 실망이 그에게 순응하지 않는 발칙함을 심어줬을지도 모른다. 지금 그가 만드는 더빙 영상과 시나리오에는 분명 그때의 경험과 감성들이 상당히 녹아 있다. 그래서 보는 이들의 공감을 더 깊이 얻는지도 모르겠다. 좋아했던 문학 선생님 덕분에 갖게 된 대본 쓰는 능력도, 좋았거나 나빴던 기억도 모두 지금의 콘텐츠를 만드는 바탕이 되었다.

장삐쭈는 시청자와 소통하는 과정에서 무엇보다 친밀감을 중요시한다. 강아지를 입양하기 전까지는 혼자 살았는데, 그러다 보니 유독 외로울 때가 많았다. 그럴 때는 더빙할 영상을 고르고, 대본을 쓰는 등 일을 하는 것이 그가 외로움을 이기는 최고의 방법이었다. 크리에이터는 콘텐츠로 소통하는 게 가장 중요하다고 생각하기 때문이다. 그래서 그는 하고 싶은 이야기를 대본에 담는다.

그런데도 여전히 누군가와 이야기하고 싶을 때는 생방송을 하며 시청자와 소통을 한다.

"많은 사람들이 어떻게 하면 시청자를 더 늘릴까 고민하는데, 저는 그냥 저를 좋아하는 사람들과 두런두런 이야기하는 게 좋아요. 많은 사람을 모아서 최고의 크리에이터가 되겠다는 야심보다 내 콘텐츠를 진정으로 즐기고 이해해주는 이들과 좀 더 친밀하게 교감하고 싶은 마음입니다."

내가
좋아하는 것을 넘어
시청자가 좋아하는 것으로

첫 번째, 성실함. 두 번째, 시청자를 생각하는 마음.

크리에이터마다 개성과 성향이 매우 달라 단순하게 정리하긴 어렵겠지만, 그럼에도 대체로 성공하는 크리에이터들은 이 두 가지를 가장 중요하게 생각한다.

내 콘텐츠를 즐기는 시청자가 진짜 좋아하는 게 무엇인지, 언제 가장 많이 찾는지, 어떤 마음으로 내 영상을 보는지를 파악하지 못하면 진정 사랑받는 크리에이터가 될 수 없기 때문이다.

시청자가 1순위

"성공한 크리에이터들은 시청자를 함부로 대한다든지, 단순히 돈벌이 대상으로 생각하지 않습니다."

샌드박스의 파트너십팀 이동욱 매니저는 모두가 중요하다고 말하는 자질인 '성실함'이 어디에서 나오는지를 알아야 한다고 말한다. 그건 시청자들을 소중하게 생각하는 마음에서 나온다. 사랑받으며 성공하는 크리에이터들은 시청자를 실망시키지 않는다.

"크리에이터는 시청자에게 재미와 즐거움을 주기 위해서 일하는 사람들이니까요. 그 자체로 보람을 느끼고 거기서 스스로 동기부여가 되는 사람들이 대체로 성공을 하더라고요."

내가 좋아하는 것만 우선시하지 않고 시청자가 어떻게 받아들일지를 먼저 고민하는 것이다. 그래서 띠미가 만들 콘텐츠를 두고 함께 브레인스토밍이나 기획 회의를 할 때도 가장 중요하게 여기는 것은 시청자다.

"띠미의 시청자를 분석해보면 초등학교 고학년, 중학생 여성들이 중심축을 이루고 있어요. 기획 회의에선 그들이 어떤 데 제일 관심을 갖고 있고, 어떤 부분에서 즐거움을 얻는지 연구하는 거죠."

띠미가 직관적이고 감정적으로 아이디어를 낸다면, 샌드박스 쪽에서는 좀 더 객관적인 지표와 자료들로 보완한다. 만일 타깃층의 연령을 좀 더 올리고 싶다면, 목표로 삼은 시청자가 좋아하는 소재, 콘텐츠 분야를 찾아서 아이디어를 낸다. 타깃층이나 시장 분석은 샌드박스 쪽에서 자료를 준비하고, 다양한 의견을 모아 아이디어를 구체화하는 식이다.

크리에이터들이 만드는 콘텐츠는 TV 프로그램과 분명 다르다. 특히 시청자와 활발하고 유연한 소통이 가능하다는 점에서는 탁월한 경쟁력을 지닌다. 이 외에 또 어떤 경쟁력이 있을까?

도티는 트렌디한 영상을 누구보다 빠르게 제작하고 유통할 수 있는 게 강점이라고 말한다. 또 콘텐츠 제작의 측면에서 보자면 투자한 돈이 적기 때문에 그만큼 부담 없이 가볍게 움직일 수 있는 것도 분명 큰 강점이다.

"제가 만드는 게임 콘텐츠는 콘텐츠를 제작하는 데 들어가는 돈이 거의 0에 가까워요. PC와 카메라 한 대만 있으면 되니까요. 그리고 게임 타이틀 하나만 있으면 언제든지 콘텐츠를 만들어낼 수 있죠. 그래서 제가 만드는 콘텐츠의 비용은 다른 미디어와는 비교할 수 없을 정도로 낮습니다."

그러다 보니 결국에는 보는 사람들이 얼마나 재미있게 보느냐에 집중하게 된다.

"휴대폰으로 셀카 찍듯이 사람들한테 이야기를 던지는 영상이 누군가에게는 블록버스터 영화보다 훨씬 재미있을 수 있는 거잖아요."

그런 관점에서 보면 여러 가지 제약들이 사라지고 오히려 시청자만 남는다는 것이다.

투자한 만큼 돈을 벌어야 한다거나, TV를 많이 보는 40~50대 여성을 잡는 콘텐츠를 무조건 만들어야 하는 등의 한계나 제약이 없다. 얼마든지 개성 있고 다양한 주제의 영상들이 생겨날 수 있는 토양이다. 본인이 타깃으로 삼는 시청자에게 맞춘 주제로 영상을 만들 수도 있다.

개인의 다양한 취향에 맞출 수 있다 보니 취향 저격 콘텐츠를 만드는 데 유튜브 영상만큼 좋은 것은 없다. 도티가 10대들이 열광하는 콘텐츠를 만들 수 있었던 것도 이런 특성 덕분이다.

"이제는 디지털 미디어가 생활의 일부예요. 단순히 채널 선택권이 없기 때문에 대체재로 유튜브 콘텐츠를 보는 게 아니죠. 가장 재미있어하는 게 유튜브에 있기 때문에 보는 거예요. 그걸 어른들은 잘 이해하지 못할 수도 있습니다. 그래서 TV나 영화관에 재미있는 게 많은데 왜 유튜브를 보느냐고 하시는 겁니다."

이미 많은 사람들의 시청 습관 자체가 디지털 쪽에 맞춰져 있다.

사실 한번 몸에 밴 습관은 쉽사리 바뀌지 않는다. 지금의 40~50대가 TV를 보고 영화관에 가는 건, TV와 영화에 익숙하기 때문이다.

반면 이제는 보고 싶은 게 있을 때면 무조건 유튜브 앱을 켠다. 아주 먼 훗날에도 분명히 메인 콘텐츠는 온라인에서 소비하게 되지 않을까. 우리가 좋아하는 것이 모두 거기에 있을 테니까.

누가 내 콘텐츠를 보는 것일까?

잠뜰은 크리에이터의 영상은 시청자의 삶과 밀접하게 관련되어 있기 때문에 호응을 얻는다고 말한다. 친근하고 가깝다는 느낌은 아주 큰 경쟁력이라는 것이다.

"저는 중학교 때부터 마인크래프트를 좋아했어요. 10대 시절 좋아한 게임이기 때문에 지금의 10대들도 좋아할 거라고 생각했죠. 그래서 언제나 그들의 세계를 이해하려는 노력을 합니다. 최근 10대들의 유행, 그들이 어떤 부분에서 민감하게 반응하는지를 신경 쓰고 있어요. 10대들이 많이 하는 SNS인 인스타그램도 하고 있죠."

크리에이터가 콘텐츠를 정할 때 중요한 것은 내가 얼마나 이 주제에 관심이 있는가, 내가 잘할 수 있는가, 이 주제로 다양한 기획을 할 수 있는가 등이다. 게임은 잠뜰이 여가 시간에 즐길 정도로 좋아하는 분야였고, 마인크래프트는 게임의 자유도가 높아 그 안에서 다양한 기획을 할 수 있기 때문에 선택했다.

"크리에이터는 다양한 사람들과 소통하며 공감하는 직업이기 때문에 다양한 경험을 해보고 그 경험을 통해 아이디어를 찾는 것이 좋아요. 하지만 무엇보다 중요한 건 누가 내 방송의 시청자냐 하는 것이죠. 콘텐츠를 만들 때마다 제 채널의 시청자들이나 제가 어색하지 않게 받아들일 수 있는 장르나 콘셉트인지에 대한 사전 고민을 정말 많이 하고 있어요."

그녀는 인기 있는 게임이라고 해서 무조건 하지 않는다. 시청자들이 좋아하고, 재미있게 받아들일 수 있는지를 먼저 고민한다.

"시청자들이 좋아할 수 있는 영상을 그들의 입장에서 생각하고 제작하는 것이 중요합니다."

현재 잠뜰은 주 1회 정기적으로 뜰로그를 편성할 정도로 실사 콘텐츠에 관심이 많다. 마인크래프트의 경우 '초능력 연구소'나 '좀비가 사는 도시' 같은 장편 스토리 상황극과 조금 더 가볍게 즐길 수 있는 미니게임 콘텐츠도 준비 중이다. 무엇보다 팬들과 만날 수 있는 오프라인 이벤트를 더욱 많이 기획할 예정이라고 한다.

마음을 읽는 공감력 기르기

"귀를 훔치지 말고 가슴을 흔드는 말을 하라."

진정성 없이 번드르르한 말이 아니라 상대의 마음을 보듬는 말, 진심이 담긴 말을 하라는 뜻이다. 크리에이터는 무엇보다 '소통'을 중요시하는 직업이기에 이 격언이 남다르게 다가온다.

그렇다면 말을 많이 하고 수다스러운 사람이 소통을 잘하는 것일까? 그럴 리가. 알맹이 없는 말잔치는 진정한 소통이 아니다. 진정한 소통은 시청자가 원하는 게 뭔지를 아는 데서 시작된다. 그러고 나서 그들이 원하는 것을 주는 것이다. 그러기 위해서는 먼저 시청자를 이해하고 좋아해야 한다.

소통의 기본은 콘텐츠

크리에이터들이 가장 중요하게 여겨야 할 소통은 무엇일까? 물론 콘텐츠로 하는 소통이 최우선이 되어야 한다. 댓글을 주고받거나, SNS를 활용하거나, 카페 운영을 할 수도 있다. 하지만 콘텐츠가 가장 중요하다. 그 외에 사인회라든가 팬미팅 등은 콘텐츠에 충실을 기한 뒤에 따라오는 이벤트인 것이다.

백수골방은 자신이 좋아하는 영화로 시청자와 소통을 시도한다. 백수골방 채널의 가장 큰 특징은 그것을 통해 삶을 이해하는 눈을 더 깊게 하길 원한다는 점이다. 자신이 그랬던 것처럼. 그래서 영화로 시청자와 소통한다는 데 의의를 둔다.

그 과정에서 정보나 재미를 줄 수도 있고, 생각할 거리를 던져줄 수도 있다. 또는 잠깐의 휴식을 줄 수도 있다. 일상의 수다를 나누며 소통하는 것도 좋지만, 영화라는 매개체를 통해 감정을 나누고 삶의 의미를 되새겨보는 것 또한 좋지 않은가. 물론 거기서 무엇을 취하느냐는 백수골방의 콘텐츠를 보고 즐기는 이들의 몫이기도 하다.

도티 역시 시청자와의 소통은 콘텐츠에서 시작된다고 말한다. 내 영상을 보는 시청자가 누구인지 알고, 그들이 정말 원하고 바라는 것을 담아내야 한다는 것이다.

"마인크래프트는 우리나라뿐만 아니라 세계적으로 10대들에게 가장 인기 있는 장르의 콘텐츠예요. 전 세계 모든 게임 영상의 절반 이상을 마인크래프트가 차지하고 있으니까요. 일단 아이템 선정이 좋았죠."

그는 자신의 주 시청자층인 10대들이 가장 좋아하는 게임으로 소통을 시작했고, 그 안에 그들이 열광할 만한 것들을 담아냈다. 그런데 거기서 끝이 아니다. 그는 자신의 주 시청자인 10대들을 좋아한다.

"저는 어릴 때부터 아이들을 무척 좋아했어요. 10대들과 소통하는 게 너무 재미있는 거예요. 그들의 재기발랄함을 보는 게 저한테 흥미로웠죠. 또 초등학교 보습학원 강사 생활도 해봤고, 한때는 유치원 선생님이 되고 싶기도 했어요. 그만큼 아이들을 좋아하고, 그들과 함께하는 게 저는 즐거워요."

도티는 콘텐츠로 시청자와 소통할 뿐 아니라, 한발 더 나아가서 그들의 눈높이에 맞춰서 생각하고 노는 것을 즐거워한다. 자신이 아이들과 노는 것에 탁월한 재능이 있는 것 같다고 말할 정도.

띠미 역시 콘텐츠로 소통하는 게 제일 중요하다고 말한다. 그러기 위해 띠미는 늘 시청자의 입장이 되어서 생각해본다고 한다.

"제가 좋아하는 것 말고 시청자가 좋아하는 걸 고민해요. 제 콘텐츠가 존재할 수 있는 건 그걸 좋아해주는 시청자가 있기 때문이잖아요. 그분들이 재미없어하고 등을 돌리면 제 콘텐츠의 존재 이유가 없어지죠. 그래서 늘 시청자가 무얼 원할까를 생각합니다."

하지만 시청자 입맛에 맞는 콘텐츠를 만들면서도 자기중심을 지키는 것은 중요하다. 사실 사람은 저마다의 취향과 요구가 다르기 때문에, 같은 영상이라 해도 누구는 좋지만 누구는 싫을 수 있다. 시청자의 니즈를 반영한다는 게, 그들이 원하면 뭐든지 다 한다는 뜻은 아니다. 100명, 1,000명, 1만 명… 그 많은 수의 사람들이 원하는 걸 다 맞춰준다는 건 불가능한 일.

시청자를 너무 염두에 두다 보면 중심을 잃기 쉬워진다. 시청자의 요구를 반영하되, 자신의 콘텐츠가 지닌 개성과 핵심을 지키는 것이 중요하다.

"시청자를 신경 쓰다 보니, 한동안은 조회 수에 집착을 했었어요. 그러다 보니 스트레스가 무척 심해지더라고요. 수치가 바뀌는 걸 하루하루 따지다 보니, 저에게 독이 되는 것 같았어요. 이 일을 즐겨야 하는데 그러지 못한 거죠."

자신이 스트레스를 받으면 시청자들에게도 그 스트레스가 전해질 것 같단 생각에 띠미는 어느 순간 마음을 바꿔먹었다. 조회 수를 지켜보는 대신, 새로운 아이디어를 고민하는 데로 시선을 옮긴 것이다.

"오늘 하루 조회 수가 떨어졌다고 해서 제 인생이 망하는 게 아니거든요. 불필요한 에너지 낭비로 무너지는 것보단, 앞을 향해 나아가야 한다는 생각이 들었어요."

그리고 일을 핑계로 어렸을 때 하고 싶었던 장난이나 실험을 할 수 있다는 점도 그녀에겐 놓칠 수 없는 즐거움이다. 좋아하는 일을 하면서 많은 사람들에게 관심과 사랑을 받을 수 있다는 건 정말 큰 매력이다. 생각하면 행복할 요소들이 많은데, 스트레스를 받을 필요는 없지 않을까?

댓글을 전부 읽어보는 이유

"하루에 엄마 아빠 목소리보다 도티 님 목소리를 더 많이 듣고 있어요."

시청자들이 생각보다 많이 외로워한다며, 관심과 사랑이 더 필요함을 도티는 강조한다.

"댓글을 읽다가 너무 짠했어요. 엄마 아빠 목소리보다 제 목소리를 더 많이 듣는다니. 부모님이 잘못하셨단 이야기가 아니에요. 맞벌이하느라 다들 바쁘다 보니 어쩔 수 없이 벌어지는 일이죠. 요즘엔 가족끼리 한자리에 모여 함께 식사하는 일도 드물다고 하잖아요."

그래서 도티는 자신의 방송으로 위로를 받는다거나 하루를 채워가는 친구들이 많다는 데 책임감을 느낀다. 시대가 변하면서 생활 방식은 달라졌지만, 우리가 고민하는 문제들은 크게 다르지 않다. 학업, 친구 관계, 연애사 등. 지금 성인이 된 이들도 누구나 이런 고민을 거쳐왔기에 조금만 관심을 갖고 보면 충분히 공감할 수 있는 이야기들이다. 그래서 도티는 그들의 이야기에 귀를 기울인다.

"고민도 많고 하고 싶은 이야기도 많은데, 어른들은 너무 바빠서 그 이야기들을 잘 들어주지 않아요. 짝꿍이랑 싸운 일, 좋아하는 여자애 때문에 고민되는 일 등 어른들에겐 시시콜콜하게 느껴지는 일이지만 그들에게는 아주 심각한 문제거든요. 그래서 외로움을 많이 느낀답니다. 어른들한테 관심을 못 받는다고 생각하는 거고요."

그러다 보니 도티에게 그런 고민을 쏟아내는 친구들이 많다. 그 마음을 알기에 도티는 댓글 하나하나를 다 직접 읽고, 그들의 고민에 공감하려 노력한다. 일일이 답을 달 수 없을 때는 하트를 눌러주면서 읽었다는 표시를 남긴다.

크리에이터 마루는 어떨까?

"댓글 달아주시는 것에 다 답변을 해드리고 싶지만, 시간적 여유가 없다 보니 그렇게 할 수가 없어서 너무 죄송해요."

학교생활과 크리에이터 일을 병행하느라 24시간이 모자를 만큼 바쁜 마루이지만, 시간이 날 때마다 댓글을 보며 하트도 달고 시청자들이 어떤 영상을 보고 싶어 하는지 찬찬히 읽어보고 있다.

더불어 유튜브 채널 내 '커뮤니티 기능'을 가끔 사용하여 시청자와 소통하려 한다. 토요일 저녁에 한 번씩은 실시간 방송을 하며 직접 소통을 하기도 한다. 성인 유튜버가 되면 팬미팅 자리도 꼭 한번 마련해보고 싶다는 게 마루의 꿈이다.

사랑과 관심의 무게를 이겨내자

"세상에는 빵 한 조각 때문에 죽어가는 사람도 많지만, 작은 사랑을 받지 못해서 죽어가는 사람이 더 많다."

노벨 평화상을 받은 마더 테레사는 이런 말을 남겼다. 사람이 살아가기 위해서는 먹고, 자고, 입는 등 기본적인 것들이 갖춰져야 한다. 하지만 아무리 풍족하다 해도 '사랑'의 마음이 없는 삶, 사랑받지 못하는 삶은 불행하다. 사랑받지 못해서 죽을 수도 있을 만큼.

누군가에게 사랑을 받는다는 건 참 행복한 일이다. 나를 좋아해 주는 사람이 세상 곳곳에 있다고 생각하면 얼마나 가슴이 벅찰까? 특히나 내 콘텐츠에 즐거워하고, 위로받는 사람들을 생각하면 그 뿌듯함과 행복은 상상하기 어려울 만큼 클 것이다.

가장 뿌듯한 순간, 가장 상처받는 순간

크리에이터들의 경우 팬들에게 편지나 선물을 받는 일이 종종 있다. 마치 연예인처럼 자신이 좋아하는 크리에이터에게 마음을 전하는 건 아주 자연스러운 일이다.

"여러 친구들에게 편지를 많이 받는데요, 정말 뿌듯했던 순간은 츄팝 채널을 즐겨 보는 친구의 부모님께서 보내주신 편지를 받았을 때였어요. 두 분이 맞벌이를 하셔서 딸이 집에 혼자 있는 시간이 많은데, 제 영상을 보면서 무척 즐거워한다는 내용의 편지였죠. 딸의 시간을 함께해줘서 고맙다는 말씀에 가슴이 뭉클했어요."

한번은 몸이 아파 병원에 입원한 친구의 편지도 받았다. 수술을 앞두고 츄팝의 영상을 보고 있다는 말에 그는 여러 가지 감정을 느꼈다.

"몸이 아프고 수술까지 받아야 할 상황이면, 마음도 약해지잖아요. 그런 순간 제 방송이 작지만 힘이 될 수 있다는 게 좋더라고요."

팬들이 보내주는 선물이나 편지에 일일이 감사 인사를 전하지는 못한다. 하지만 그것들을 읽고 펼쳐보면서 그는 마음을 다잡는다. 그들이 이런 편지를 쓸 때 어떤 마음이었을지, 정성 들여 선물을 고르고 포장하면서 쏟은 그 시간 속에 담긴 마음을 고스란히 느낀다.

팬들 덕분에 힘을 얻는 건 풍월량도 마찬가지다.

"실시간으로 방송을 하다가 문득 그런 생각을 해요. 이 늦은 시간에 이토록 많은 사람들이 내 방송을 보고 있구나. 어떻게 보면 저는 정말 별것도 아닌 사람인데, 많은 이들이 관심을 가져주고 응원해주잖아요. 그럴 땐 정말 힘이 솟죠."

라온은 크리에이터의 가장 큰 매력은 성별이나 인종, 국가를 뛰어넘는 무한한 공간이 나만의 특별한 무대가 되고, 내가 창작한 콘텐츠를 전 세계인이 볼 수 있다는 점이라고 말한다. 전혀 다른 민족과 국가의 사람들과 소통하고, 그들의 사랑을 받을 수 있다는 점에서 보면 참 놀라운 일이기도 하다.

"제 노래가 누군가에겐 즐거움이 되고 누군가에겐 위로가 된다면 그보다 좋은 일이 있을까요? 이미 그것만으로도 행복한 일이죠. 응원해주시는 좋은 댓글을 보면 힘이 날 수밖에 없어요. 아이러니하게도, 악성댓글 때문에 큰 상처를 받기도 하지만요."

채널이 성장할수록 팬들도 늘어나지만, 반대로 깎아내리려는 사람들도 생기게 마련이다. 하지만 라온은 악성댓글을 왕관의 무게라고 생각하며 유연하게 대처하려고 노력하고 있다.

"'왕관을 쓰려는 자 그 무게를 견뎌라'라는 말처럼, 악성댓글은 유튜브 크리에이터로서 짊어져야 하는 왕관의 무게라고 생각해요."

건강하게 오래 하려면 감정 관리가 중요

하지만 늘 좋기만 한 건 아니다. 특히 라이브 방송을 하는 크리에이터의 경우, 일상의 감정이 방송으로 연결되지 않도록 하는 게 중요하다고 풍월량은 말한다.

"본인이 정신적으로 중심을 잘 잡아야 해요. 일반적인 직장생활을 하는 분들도 감정 관리를 잘해야 하는 건 맞지만 저희는 방송을 통해 실시간으로 시청자와 만나기 때문에 더 조심해야 합니다. 사소한 일에도 짜증을 낸다거나, 자극적인 댓글에 바로 반응하면서 시청자와 싸운다거나 하는 일은 없도록 본인이 먼저 주의를 기울여야 해요."

물론 감정적으로 힘들거나 풀이 죽어 있을 때 감쪽같이 감정을 숨기기란 쉽지 않다. 그럼에도 다수와 소통하며 방송을 할 때는 전문 방송인, 즉 프로로서의 자세가 필요하다. 시청자는 나를 이해해주는 팬이기도 하지만 또 그만큼 내가 신중하게 대해야 할 대상이기도 하기 때문이다. 아무리 친근하다고 해도 기본적인 예의와 적절한 거리는 필요하다.

그래서 감정의 기복이 심하거나 조절이 잘 안 되는 사람들은 이 일이 맞지 않을 수도 있다. 그런 사람들의 경우, 순간순간 폭발적인 재미를 주기는 하지만 꾸준하고 지속성 있는 방송을 못 한다는 한계가 있다. 또 감정을 제어하지 못해 시청자와 잦은 갈등을 일으키며 논란의 중심에 서기도 한다.

"사실 어떤 면에서 이 일은 감정노동이라고 할 수 있어요. 실시간으로 방송이 되는데, 게임을 못하거나 뭔가 실수를 하면 악플도 많이 달리거든요. 그중에는 마음 상하는 욕설이 있을 수도 있고요. 보통 멘탈이 아니면 못 버티는 경우도 있어요. 그래서 자기 감정을 잘 조절해야죠."

물론 힘들게 찍은 영상이 조회 수가 안 나오고 외면받는 것 같으면 실망하게 되는 건 어쩔 수 없다. 하지만 크리에이터라는 직업은 그것까지 안고 가야 할 숙명을 지고 있다.

"장기적으로 내 콘텐츠에 좋은 영상들을 계속 쌓아간다는 쪽으로 생각을 바꾸면 좋을 것 같아요. 그렇게 마음을 바꾸면 일희일비하는 데서 벗어날 수 있죠. 그러지 않으면 계속 그런 감정에 끌려다니게 되고, 결국 영상에 다 드러나게 되거든요. 그건 크리에이터에게도 시청자에게도 좋지 않습니다."

말이야와 친구들의 이혜강은 직업 특성상 크리에이터들이 대부분 감성적이거나 섬세하다는 점을 언급한다. 건강하게 오래 방송을 하기 위해서는 의도적으로 이성적인 부분을 키워야 할 때가 있다. 예민하게 움직이는 감정이나 섬세하게 반응하는 감성을 무뎌지게 하라는 게 아니다. 그런 것들에서 한발 물러서는 연습도 필요하다는 뜻이다.

팬들과 함께하는
도도한 친구들 활동 현장 속으로!

크리에이터와 팬들이 직접 만나는 현장을 한번 엿볼까요. 막강한 팬덤을 자랑하는 도티와 도도한 친구들은 팬들과 가까이에서 만날 수 있는 자리를 마련하고 있습니다. 이는 내가 좋아하는 크리에이터를 가까이에서 볼 수 있다는 장점 이상으로, 다양한 이벤트와 함께 팬과 크리에이터가 교감하고 소통할 수 있는 자리라는 점에서 큰 의미를 갖게 됩니다.

2016년 100만 도티 콘서트: 도티와 도도한 친구들

'도티 TV' 구독자 100만 명 돌파를 축하하기 위해 팬들

을 초청해 함께 즐긴 축제의 현장. 온라인으로만 만나던 도티를 직접 만난다는 설렘에 수많은 팬들이 밤잠을 설쳤다는 이야기가 있습니다.

먼 곳에서 찾아와준 팬들, 아이들의 손을 잡고 함께 참석한 부모님도 상당히 많았는데, 그래서 더욱 소중한 자리였습니다. 그런 팬들의 마음이 고스란히 전해진 덕분에 도도한 친구들 역시 사랑과 응원의 에너지를 배가 부르도록 한껏 받아가는 충전의 시간이었습니다.

2017년 100만 잠뜰 콘서트: 이상한 나라의 앨리뜰

'잠뜰 TV' 구독자 100만 명 돌파를 팬들과 함께 축하하기 위해 만든 자리. 티켓 판매가 시작된 지 10분 만에 전석이 매진될 만큼 경쟁이 치열하기도 했습니다.

온라인을 통한 교감과 소통도 좋지만, 오프라인에서 만날 때의 느낌은 사뭇 다르기에 크리에이터들도 팬들을 만나는 날에는 설렘과 떨림이 가득합니다. 잠뜰과 함께 활동하는 도티, 쵸쵸우, 코아, 칠각별, 수현 등 동료 크리에이터들이 함께 무대를 채웠습니다.

2016년 & 2017년 서울 캐릭터 · 라이선싱 페어

이곳은 2016년과 2017년에 개최된 서울 캐릭터 · 라이선싱 페어 현장. 부스 한쪽에 샌드박스 프렌즈 캐릭터숍도 마련해놓았습니다. 도티&잠뜰 캐릭터 상품을 구매하려고 두 시간이 넘도록 줄을 서 있을 만큼 인기는 상상 이상이었습니다.

도도한 친구들과 함께하는 게임 등 다양한 프로그램을 통해 팬들과 크리에이터가 직접 소통하는 자리도 가질 수 있었습니다.

2016년

2017년

한국 메이크어위시 홍보대사 활동

도티와 잠뜰은 한국 메이크어위시재단 홍보대사로 활발한 활동을 하고 있습니다. 메이크어위시재단은 42개국 난치병 아동들의 소원을 이루어주어 병과 싸울 수 있는 힘을 내도록 도와주는 곳입니다. 도티와 잠뜰은 2017년 2월 난치병 아동의 소원을 이뤄주는 것을 시작으로, 소원 성취와 난치병 인식 개선을 위한 콘텐츠 제작 등의 활동을 꾸준히 하고 있습니다. 최근 잠뜰은 어린이날을 맞아 메이크어위시의 가치를 전달하는 콘텐츠를 제작하기도 했습니다. 영향력 있는 크리에

이터들의 선행은 더 많은 이들에게 좋은 일의 취지를 알
리고, 참여를 유도할 수 있기에 의미가 크다고 할 수 있
습니다.

6장

크리에이터의 꿈,
샌드박스
네트워크의 꿈

SANDBOX NETWORK (샌드박스 네트워크)　　구독자 132,074명

융짐　정말 언제나 훈훈한 것 같아요. 항상 좋은 영상 올려주셔서 감사합니다.

샌박친구　샌드박스를 보고 제 꿈이 생겼어요.

유녕이　샌드박스 갈 테니 제 자리를 남겨주세요.

지민tv　제가 크리에이터가 될 수 있게 응원해주세요♡

풀밭　샌드박스랑 늘 함께하고 싶어요.

유미짱　오늘도 행복하고 즐거운 샌드박스~~~~~~~~!

채널호야　항상 존경하고 사랑해요♡♡♡

재미있기만
하면 된다고?

자극적이면
사람들이 다
좋아한다고?

크리에이터는
늘 좋은 콘텐츠를
만들기 위해
노력해야 한다!

영향력 있는
크리에이터가
되기 위해
필요한 것들

샌드박스
네트워크가
열어갈 미래

"21세기는 콘텐츠를 향한 골드러시가 펼쳐질 것이다."

프랑스의 대형 미디어그룹 비방디(Vivendi)의 최고 경영자 아르노 드 퓌퐁텐느(Arnaud de Puyfontaine)가 2017년 모바일 월드 콩그레스(MWC) 기조연설에서 한 말이다. 4차 산업혁명 시대에 콘텐츠가 놀라운 가치를 만들어낼 거라는 데 대해 그 누구도 의심하지 않는다.

사람들은 더 생생하고 흥미로운 콘텐츠를 보고 싶어 한다. 뿐만 아니라 더 많은 사람과 연결되기를 원한다. 이 새로운 변화의 중심에 콘텐츠가 있고 크리에이터가 있다.

우리가 앞으로 만들어낼 변화

인공지능 기술이 세상에 일으킬 변화는 무한하다. 단적으로 자율 주행 자동차만 해도 머지않아 보편화될 전망이다. 그렇다면 그동 안 사람들은 차 안에서 무엇을 할까? 일을 하거나 휴식을 취할 수 도 있고, 유튜브를 볼 수도 있다. 이필성 대표 역시 콘텐츠 산업의 미래가 밝다는 데 확신을 갖고 있다.

"옛날에는 수학여행 가거나 놀러 갈 때 워크맨 가진 친구가 있 으면 여럿이 돌려 들었어요. 지금과 비교하면 콘텐츠를 소비할 수 있는 환경 자체가 아예 달랐던 겁니다. 콘텐츠를 소비하는 시간만 해도 그래요. 10년 전과 비교하더라도 그 시간은 굉장히 증가했어 요. 제가 초등학생일 때랑 지금 초등학생의 콘텐츠 소비 시간은 100배 정도 차이 나지 않을까요?"

자신의 선택에 강한 믿음이 있는 만큼 샌드박스의 미래도 밝게 전망하고 있다. 어떤 장르의 크리에이터든 콘텐츠 산업에 뛰어들 었다는 것만으로도 미래 경쟁력을 갖춘 셈이라는 것이다.

이필성 대표가 온라인 신문사 파트너십을 담당했을 당시 온라 인 뉴스의 환경은 처절할 정도로 열악했다. 하지만 오늘날 뉴스 콘 텐츠의 영향력은 점점 더 커져가고 있다. 뉴스 플랫폼과 미디어의 환경이 달라지고 있기 때문에 10년 뒤에는 지금보다 더 많은 뉴스가 소비될 것이다. 뉴스뿐 아니라 어떠한 형태든 콘텐츠의 미래는 밝을 수밖에 없다.

『콘텐츠 4.0: 4차 산업혁명과 콘텐츠의 미래』(한국콘텐츠진흥원 저, 2017)에 따르면, 기술에만 투자해서는 새로운 가치를 만들어낼 수 없다고 한다. 하지만 그것을 바탕으로 사람들에게 유용하고 흥미로운 경험을 하게 하는 스토리텔러, 예를 들어 크리에이터라면 어떨까? 분명 주인공이 될 수 있을 것이다.

크리에이터들의 놀이터를 꿈꾸다

"앞으로 제 꿈이요? 샌드박스 타운을 만드는 거예요!"

도티는 샌드박스의 미래를 이야기하며 눈을 반짝였다.

샌드박스는 '디지털 엔터테인먼트 회사'를 지향한다. 그리고 디지털 엔터테인먼트를 제작하기 위해 가장 중요한 것은 크리에이터 양성이다. 크리에이터의 창의성을 키우는 것이야말로 좋은 콘텐츠를 만드는 지름길이다.

샌드박스는 '크리에이터에게 날개를 달아주는 회사'이다. 그들이 어떤 장르의 콘텐츠를 제작하든 그 선택을 존중한다. 그리고 자신만의 콘텐츠 제작에 집중할 수 있는 여건을 만들어주면서 관리하는 데 주력하고 있다.

"샌드박스가 잘될 수 있는 방법은 딱 하나밖에 없어요. 크리에이터들의 가능성을 극대화시켜주는 겁니다. 그게 저는 크게는 두 가지 방향이라고 생각해요. 하나는 콘텐츠가 지닌 가능성을 더 넓혀주는 것이고, 다른 하나는 제대로 된 비즈니스를 할 수 있도록 환경을 만들어주는 거예요. 나머지는 크리에이터 스스로 만들어나가는 거죠."

이필성 대표는 자신이 아무리 노력해도 좋은 크리에이터를 억지로 만들어낼 수는 없다는 점을 지적한다. 지난 3년간 MCN 회사를 운영하며 그가 뼈저리게 깨달은 사실이다.

"간혹 외부에서는 수익성을 내세우며 크리에이터를 기획해서 육성하고, 자체적으로 만든 콘텐츠에 출연시키는 게 낫지 않느냐는 이야기도 합니다. 하지만 그건 실리콘 밸리의 IT기업에게 내부에서 스타트업을 키워내라는 것과 마찬가지예요."

그렇다면 소속 크리에이터들은 샌드박스가 열어나갈 미래에 대해 어떤 생각을 갖고 있을까? 도티는 크리에이터의 관점에서 회사 성장을 위해 노력하고 있다.

도티는 '샌드박스 타운' 같은 공간을 만드는 것이 꿈이다. 크리에이터들이 자신만의 스튜디오에서 자유롭게 콘텐츠를 생산하면서 거기 모인 다른 크리에이터들과 서로 도움을 주고받으며 콜라보레이션도 할 수 있는 그런 창의적 공간. 또 상처받지 않고 지치지 않으면서 꾸준히 활동할 수 있도록 최대한 지원하는 것이 그가 바라는 바다.

"이필성 대표가 경영자로서 샌드박스의 미래를 책임진다면 저는 이상적인 이야기일 수 있지만 크리에이터들의 놀이터 같은 회사를 만들어나가고 싶어요. 이런 관점의 차이가 상호 보완되는 것 같아요. 결국엔 샌드박스가 최고의 프리미엄 콘텐츠를 만드는 회사가 될 거라고 믿어요."

샌드박스의 경영진과 직원들은 무엇보다 크리에이터들이 지속적으로 콘텐츠를 만들 수 있는 환경 조성을 중요하게 생각한다. 이는 샌드박스 네트워크가 보다 더 큰 힘을 갖고 디지털 미디어를 선도하는 회사가 되는 밑거름이 되어줄 것이다.

신인 크리에이터가 되고 싶다면

샌드박스에서는 어떤 방식으로 능력 있는 크리에이터를 영입하고 신인 크리에이터를 키워내고 있을까?

자신 안에 꿈틀대는 열정이 있다면, 무언가 반짝이는 것이 들어 있는데 어떻게 발현해야 할지 모르겠다면 샌드박스의 도움을 받는 것도 좋다. 값진 원석은 그대로 두었을 때보다 잘 세공되면 더 빛을 발하게 되니까.

샌드박스 오디션 외에 랩셀에서 진행 중인 크리에이터 어퀴지션 프로세스(acquisition process, 습득 과정)도 있다. 샌드박스 오디션과 유사한 과정으로, 수시로 진행하며 크리에이터들의 성장을 돕는다.

크리에이터는 이 시대의 새로운 아이콘이다. 샌드박스는 앞으로도 콘텐츠의 미래 트렌드를 이끌어나갈 역량 있는 크리에이터 발굴에 앞장서려 한다.

이필성 대표는 끼와 재능을 갖춘 창의적 크리에이터들이라면 주저하지 말고 샌드박스의 문을 두드려달라고 당부한다.

"재능은 있지만 길을 찾지 못해서 포기하려는 이들에게 도움을 주기 위해 오디션을 시작했습니다. 만일 아직 저희가 발굴하지 못한 분들 중에서도 자신만의 콘텐츠가 있다면 연락 주세요. 이 책을 읽는 분들 중에서도 유튜브를 통해 방송하면서 스스로 얻고자 하는 답을 찾아가고 있다면 저희와 함께할 수 있습니다."

샌드박스 네트워크에 크리에이터만 있는 것은 아니다. 크리에이터와 함께 콘텐츠를 기획하고 크리에이터를 관리하는 파트너십팀, 콘텐츠를 직접 개발하고 제작하는 콘텐츠팀, 굿즈나 책 등 상품을 기획하고 판매하는 사업개발팀 등 다양한 분야에서 다양한 사람들이 함께 일하고 있다.

나는 크리에이터를 서포트 하는 일에 관심이 있다고? 직접 만드는 것보다는 기획하고 분석하는 게 더 적성이 맞다고? 주저하지 말자. 샌드박스 네트워크는 이런 사람들에게도 항상 열려 있다.

도티 TV 유튜브 콘텐츠 에디터 채용 예시
(2018년 6월)

[담당 업무]
- 샌드박스 네트워크 크리에이터 도티 TV 채널 콘텐츠 제작

[자격 요건]
- 영상 콘텐츠 제작 프로그램 활용 가능자(프리미어, 애프터이펙트, 포토샵 등)
- 만 19세 이상(남성의 경우 군필자)

[우대 사항]

- 유튜브 등의 영상 콘텐츠를 즐겨 보고 영상 콘텐츠 시장의 트렌드를 잘 파악하는 분
- 마인크래프트 콘텐츠 관련 제작 경험자
- 크리에이터 영상 제작 경험자
- 영상 관련 학과 전공자

[지원 방법 및 절차]

- 채용 담당자 이메일로 자유 형식의 이력서, 자기소개서 및 포트폴리오(필수) 제출
- 전형 절차: 서류 전형 – 실무 면접 – 실무 과제 – 최종 합격

돈보다 중요한 것이 있다

"저런 재미없는 방송은 전파 낭비 아니야?"

"으휴, 정말 쓸데없는 동영상이다. 보는 거 자체가 시간 낭비야!"

"이 시간에 다른 거나 할걸. 괜히 봤네."

전파 낭비보다 더 무서운 게 시간 낭비 아닐까? 특히 하고 싶은 것도, 해야 할 것도 많은 사람들에게 시간은 금이니까 말이다.

그래서 샌드박스의 크리에이터들은 콘텐츠의 중요한 가치가 무엇인지 찾기 위해 부단히 노력하고 있다. 자신들이 만든 콘텐츠를 가장 많이 즐기고 동경하는 사람들에게 그들이 미치는 영향력은 상상 이상이기 때문이다.

시청자의 시간을 책임지는 사람들

"크리에이터는 재미있는 콘텐츠를 만드는 것 못지않게 자신이 시청자의 시간을 책임지고 있다는 생각을 해야 해요. 단 20~30분일지라도 나의 콘텐츠를 보기 위해 시간을 투자하는 사람에 대한 고민을 해야 합니다."

그래서 도티는 시청자들의 피드백을 꼼꼼히 살핀다. 칭찬과 기대를 담은 피드백뿐 아니라 비판이나 조언도 열린 마음으로 수용한다. 악플까지 모니터하는 이유는 그들의 관심이 자신을 더 나은 크리에이터로 성장시키는 원동력이 되어주기 때문이다.

자신의 영상, 그리고 자신이 하는 일을 애정을 갖고 지켜봐주는 사람들이 있다는 것만으로도 행복하다는 도티. 그는 시청자들의 관심과 피드백 덕분에 외롭지 않다. 게다가 그들이 보내주는 호응과 피드백은 늘 그에겐 좋은 자극이 된다.

도티 TV도 채널 운영 초기에는 조회 수가 형편없었다. 초반에는 조회 수가 200~300뷰 수준이었다. 그 수치를 보고 도티가 낙담했을까? 아니다. 오히려 '와, 내가 20분짜리 동영상을 올렸는데 조회 수가 200이면 내가 4,000분이라는 시간을 책임지는 사람인가?'라고 생각했다.

그는 자신이 누군가의 시간을 책임지는 의미 있는 일을 한다는 사명감을 갖게 되면서 더욱 열심히 제작하고 방송했다. 지금 도티 TV는 한 달 시청 시간이 거의 4~5억 분을 능가하고 있다. 이처럼 수많은 사람들이 하루에도 엄청난 시간을 그의 콘텐츠를 보는 데 쓰고 있는 것이다.

"저는 조회 수보다 시청 시간을 많이 봐요. 오늘도 내가 열심히 일을 해서 정말 많은 대중들의 삶을 조금이라도 즐겁게 해주고 있구나 하는 사명감이 저를 의미 있는 사람으로 만들어줘요. 그게 되게 원동력이죠. 좋은 크리에이터는 남의 시간을 소중하게 여길 줄 아는 사람이라고 생각해요."

크리에이터가 지켜야 할 마인드

'게임도 하고, 맛있는 음식도 먹고, 마음대로 여행도 다니면서 찍기만 하네? 돈을 참 편하게 버는구나.'

사람들은 크리에이터의 작업을 두고 종종 이런 오해를 한다. 물론 그렇게 보일 수도 있겠지만 실제는 다르다.

"쉽게 돈을 벌고 싶다는 생각으로 이 일을 선택한다면 성공하지 못할 거예요."

스타 크리에이터들은 이구동성으로 강조한다. 백수골방도 이런 오해를 경계한다. 별다른 노력 없이 우연히 훅 떠서 일시적으로 성공하는 경우도 있지만 지속성을 장담하기 어렵다. 하지만 상식적으로 생각해봐도 그렇다. 실력 없이 얼떨결에 뜬 사람이 과연 오래도록 실력을 발휘하며 인기를 유지할 수 있을까?

그는 크리에이터로서 지속 가능한 발전과 성공을 거두기 위해서는 이 업에 대한 자신만의 소명의식을 가져야 함을 강조한다. 콘텐츠를 제작하는 일은 단지 재미를 추구하는 게 아니라, 세상과 사람들을 향해 '무언가'를 전달해주는 작업이기 때문이다.

정보나 재미가 될 수도 있고, 삶에 대한 진지한 성찰이나 애정 어린 조언이 될 수도 있다. 하지만 그 과정에서 가장 중요한 것은 그 '무언가'를 통해 사람들에게 좋은 영향력을 전달해야 한다는 것이다.

"좋은 크리에이터는 사람들이 힘들고 지칠 때 작은 위로와 휴식을 주고, 그걸 통해 다시 건강한 삶을 살아갈 수 있도록 힘을 보태는 작업을 하는 사람이라고 생각해요."

백수골방이 좋은 크리에이터에 대한 정의를 내려줬다면, 게임 크리에이터 풍월량은 크리에이터가 지켜야 할 마인드에 대해 조언한다. 실시간 방송을 하는 사람들이나 크리에이터는 제각각 개성이 있고 타깃 시청자들도 다르기 때문에 콕 집어 어떤 마인드를 가져야 한다고 말하기는 어렵다. 다만 자신과 소통하는 시청자들의 연령을 고려해서 표현의 가이드라인을 정할 필요는 있다.

풍월량은 시청률 때문에 일부러 자극적으로 방송하지 않는다. 유튜브는 10대들이 보는 콘텐츠가 많기 때문에 방송 진행자들도 언어 표현에 신중한 편이다. 건전한 방송을 만들어가려고 노력하는 이들도 많다. 하지만 방송을 막 시작한 경우나 상업성에 지나치게 치우칠 경우에는 자극적인 멘트, 화제성 발언을 해야 한다는 생각에 사로잡힐 수도 있다. 그래서 그는 늘 스스로 엄격한 잣대를 들이대며 방송을 해야 한다고 말한다.

"저는 게임 방송 중 시청자들이 눈살을 찌푸리거나 듣기 싫어하는 말은 하지 않으려 노력해요. 제가 그런 말을 듣는 걸 워낙 싫어하거든요. 물론 자극적인 방송을 해도 꽤 오래 하시는 분들도 있어요. 클린하게 방송해도 잘 안 되는 분들도 있고요. 하지만 자극적인 방송에 집착하다 보면 점점 더 큰 자극을 원하게 되죠. 결국 자신의 정체성도 잊고 시청자들에게 외면당할 것입니다."

이는 결국 크리에이터 스스로 선택해야 할 문제이다. 하지만 선정적인 방송을 하면 당장은 이목을 끌어도 결국엔 외면당할 것이다. 물론 유익한 내용을 담아 건전하게 방송한다고 해도 시청자들이 관심을 갖지 않는다면 그 역시 좋은 콘텐츠는 아니겠지만.

좋은 콘텐츠가 무엇이냐는 질문에 대해 정해진 답은 없다. 시청자들 개인의 선택이기 때문이다. 많은 사람들이 좋아하고, 원하는 것은 제각각 다를 수밖에 없다. 하지만 크리에이터는 시청자의 다양한 욕구를 만족시켜야 하고, 어떤 것이 좋은 콘텐츠인지를 고민해야 한다.

그렇다면 좋은 콘텐츠란 무엇일까? 기본적으로 시청자에게 긍정적 영향을 미치면서도 관심을 끌 만한 요소를 충분히 갖춘 것이다. 그 요소는 바로 '재미'다. 하루에도 수많은 콘텐츠들이 뜨고 사라진다. 그 과정에서 살아남는 콘텐츠는 그 숫자만큼이나 다양하겠지만 공통점은 '재미있다'는 것이다.

콘텐츠가 아무리 유익한 내용을 담고 있다고 해도 사람들이 외면한다면 아무 소용이 없다. "구슬이 서 말이라도 꿰어야 보배"라는 속담처럼 일단은 사람들이 관심을 갖고 볼 수 있어야 한다. 물론 콘텐츠에서 사람들이 얻는 재미란 다양하다. 지적 호기심의 충족, 아주 즐거운 오락, 마음을 힐링시켜주는 휴식 등.

기본적으로 크리에이터들이 만드는 콘텐츠는 시간을 즐기고 스트레스를 해소하기 위해 소비된다. 물론 실용적인 도움을 주고, 거기에 감동적이기까지 하다면 좋겠지만 충분한 흥미 요소를 갖추는 것이 무엇보다 중요하다.

샌드박스의 크리에이터들은 오늘도 각자의 개성을 담은 콘텐츠를 열심히 기획하고 제작하는 중이다. 그리고 그 안에서 '새로운 재미'를 발견하기 위해 부단히 노력하고 있다.

유튜브에 대한
편견을
버려주세요

"아이돌이 처음에 나왔을 때 사람들은 B급 문화 감성으로 여겼어요. 그런데 지금은 K-POP이라는 거대한 문화 흐름을 만들어 대중문화를 이끌고 있어요. 지금 10대들이 뉴미디어를 통해 주도적으로 즐기고 만들어가고 있는 이런 문화도 언젠가는 대접이 달라지지 않을까요?"

파트너십팀의 박전혜 매니저는 1인 미디어의 세계를 아이돌 문화에 빗대어 설명한다.

아이돌 문화처럼 유튜브 크리에이터들이 만들어내는 콘텐츠도 찾는 사람들이 점점 더 많아지고 있다. 그렇다면 일부 어른들 사이에 존재하는 B급 문화, 저급하다는 인식이 역전될 가능성도 얼마든지 있지 않을까. 시대의 변화에 따라서 메이저와 마이너가 바뀌는 일은 꽤 자주 반복되었기 때문이다.

떳떳한 콘텐츠, 영향력 있는 크리에이터

"좋은 영향을 끼치는 사람들이 되었으면 좋겠어요. 선한 영향력을 끼쳐 이 사회에 조금이라도 보탬이 된다면 좋은 일이니까요."

샌드박스 네트워크가 크리에이터들에게 원하는 우선 조건이다. 단순히 인기를 얻고 돈을 잘 버는 크리에이터에 머물지 않고, 사회적으로 좋은 영향을 끼치는 인플루언서가 되었으면 좋겠다는 의미다.

인기 크리에이터라면 상당한 수의 유튜브 시청자를 둔 경우가 많다. 그들의 말과 행동이 미치는 영향력을 무시할 수 없다. 그래서 샌드박스는 크리에이터를 영입할 때, 기본적으로 인플루언서가 될 만한 자질이 있는지 여부를 중요시한다.

그럼에도 불구하고 유튜브 콘텐츠는 청소년들이 향유한다는 이유만으로 여전히 'B급 문화'로 인식되곤 한다. 시대 흐름을 읽지 못한 선입견은 아닐까?

생각의 각도를 달리해서 보면 오히려 B급 문화였기 때문에 성공할 수 있었는지도 모른다. 기존의 주류 문화에서 보여주지 않았던 것들을 보여주는 대안 문화였기 때문에 시청자들의 선택을 받은 것이다. 만일 똑같은 걸 했다면 뻔하게 느껴져 식상했을뿐더러 전혀 경쟁력이 없었을 것이다.

일부 부정적인 인식을 만든 크리에이터들도 있다. 주로 언론에서 좋아하는 자극적인 기삿거리를 제공하는 이들이다. 하지만 대개의 크리에이터들은 자신만의 콘텐츠로 당당히 승부하며 새로운 문화를 만들어나가고 있다.

그러기 위해서는 크리에이터들의 책임감 역시 막중하다. 도티는 자신의 유튜브 독자들을 면밀히 분석하면서 콘텐츠를 만든다.

"10대를 대상으로 방송하는 크리에이터 중에서도 조금 과격하게 하는 분들이 있어요. 사실 자신의 유튜브 분석 툴(tool)만 들어가봐도 주 시청자가 어느 세대인지 확인할 수 있고, 댓글 반응 수준 등을 보면 10대들이 많이 보는 채널임을 파악할 수 있음에도 불구하고 자극적인 표현을 통해 조회 수를 올리는 데만 급급해요. 자신이 시청자들에게 미치는 영향은 신경 쓰지 않는 거죠."

유튜브 영상은 각종 심의에서 다소 자유롭다. 그래서 현재로서는 크리에이터가 자체 정화를 통해 조절하는 방법이 최선이다. 물론 요즘에는 플랫폼 내 신고 기능이나 필터링 기능을 통해서 걸러지기도 하지만, 여전히 애매하게 줄타기를 하면서 불건전한 콘텐츠를 만드는 유튜버들도 꽤 있다. 그래서 일정 플랫폼을 통한 지속적인 교육의 필요성도 대두되고 있다.

앞으로 여러 세대에 걸쳐 디지털 미디어를 소비하는 시간은 점점 더 늘어날 것이다. 그렇기 때문에 시청자들에게 떳떳한 콘텐츠를 제작하는 데 더 집중해야 한다.

연예인과 크리에이터는 다르다

"연예인 되고 싶어서 이 일을 하겠다는 사람들이 있어요. 저는 완강하게 말립니다. 어쩌다 올린 유튜브 영상이 운 좋게 떠서 유명해질 수 있을 거라고 생각하는 사람들이 꽤 있는데, 절대 아니에요. 어느 분야든 마찬가지지만 특히나 이쪽은 성공한 사람들이 굉장히 소수예요."

이필성 대표는 스타 크리에이터들만 보고 이 일을 쉽게 생각하는 이들에게 현실적인 조언을 해준다. 창의적인 아이디어만으로는 성공할 수 없기 때문이다.

스타 크리에이터들이 만들어낸 열풍을 보며 뛰어드는 사람들은 연예인의 화려한 면만 보고 연예인이 되고 싶어 하는 것과 마찬가지다. 샌드박스 네트워크 사람들 역시 '막연한 환상은 금물'이라고 강조한다. 연예인들이 수년간 연습생 생활을 하거나 무명 시절을 거치면서 각고의 노력 끝에 성공에 도달하듯이 크리에이터들도 끝없이 자신과의 싸움을 해야 한다는 것이다.

어쩌면 그보다 더 어려울 수도 있다. 크리에이터는 자기 콘텐츠를 스스로 기획해야 한다. 매일 무엇으로 방송을 할지 아이템을 찾고, 그것을 촬영해서 영상을 만들고, 시청자와 직접 소통해야 한다. 게다가 실시간 피드백을 통해 연예인보다 더 빠르고 냉혹하게 시청자들의 평가를 받는다. 유튜브는 솔직한 플랫폼이라서 콘텐츠를 소홀히 하면 금세 드러난다. 그리고 그 책임은 오롯이 본인의 몫이다.

장삐쭈는 크리에이터는 연예인이 되는 관문도, 쉽고 편하게 하는 일도 결코 아니라며 이렇게 말한다.

"학생 때는 문제를 내주는 사람이 있고 그 문제를 풀면 되죠. 하지만 크리에이터들은 내가 문제를 내고 내가 문제를 풀어야 합니다. 그게 참 힘든 일이에요. 스스로 문제를 내고 스스로 푸는 일을 끊임없이 고민하고 반복해야 하니까요. 어떻게 하면 사람들에게 더 신선함을 줄 수 있을지, 계속 변화를 시도해보고 또 스스로의 능력도 끊임없이 발전시켜야 해요."

연예계와 생태계 자체가 다르고, 요구되는 자질 자체가 다르기 때문에 이를 분명히 알고 도전해야 한다. 화려한 면만 보고 쉽게 뛰어들어서도 안 된다. 진정으로 크리에이터란 일에 자부심을 느껴야 지치지 않고 이 일을 계속 해나갈 수 있다.

WE CREATE BETTER TOGETHER!

"당신이 물건을 살 때 가장 영향력을 미치는 유명인은 누구인가?"

미국의 대중 잡지인 「버라이어티(Variety)」가 2014년 미국 10대를 대상으로 위와 같은 설문 조사를 실시했다. 결과는 놀라웠다. 대개는 유명 연예인이 강력한 영향을 미칠 것이라고 생각하는데 10대들에게는 달랐다. 그들은 연예인이 아닌, 1인 미디어의 스타들을 뽑았다. 상위 20명 가운데 열 명이 유튜브 크리에이터들이었다.

오늘날은 그들의 영향력이 더 커지고 있으며 우리나라도 이와 다르지 않다. 크리에이터들은 유명 '셀럽'보다 더 깊게 자신과 닿아 있기 때문이다. 그만큼 사회 전반에 인플루언서로서의 역할이 부각되고 있다.

자기 브랜드와 가치를 성장시키는 법

스타 크리에이터들은 자신을 성장시키고 브랜드로서의 고유한 가치를 잃지 않기 위해 어떤 노력을 하고 있을까?

돈을 많이 벌고 싶은 마음은 돈을 벌고 나면 채워지고, 유명해지고 싶은 욕구도 유명해지면 끝난다. 하지만 콘텐츠 창작자로서의 책임감과 자기 브랜드에 대한 책임감을 갖고 있다면 이야기가 다르다. 콘텐츠를 만들어서 사람들에게 보여주고 그들과 소통하면서 재미를 느끼고, 또 그 재미에서 자신만의 가치를 발견해 새로운 창작을 해내고자 하는 열망은 그 무엇보다 중요한 것이다.

샌드박스도 '끝까지 자신만의 콘텐츠를 만들어내겠다는 창작자의 마인드를 지닌 크리에이터'를 좋은 크리에이터로 꼽는다. 이는 샌드박스의 설립 취지와도 맞닿아 있다. 샌드박스는 짧은 시간에 돈을 버는 데 급급한 회사가 아니고 일정 나이가 되면 은퇴해야 하는 회사도 아니다. 콘텐츠 회사로서 크리에이터들의 창작 의지와 열망을 끝까지 뒷받침해주어야 한다는 책임감으로 뭉쳤다.

샌드박스는 이런 마음으로 출발했기 때문에 재능 있는 크리에이터들을 위한 창의적인 환경을 만드는 데 가장 심혈을 기울이고 있다. 그리고 그것이 크리에이터와 샌드박스, 그리고 산업 전체를 긍정적인 방향으로 성장시키는 힘이 되기도 한다.

샌드박스는 기획자 마인드를 지닌 크리에이터를 선호한다. 크리에이터를 영입할 때도 그들이 진정 그 일을 즐기는지, 일을 대하는 태도와 마음가짐은 어떤지를 신경 쓴다. 그리고 그들이 자신만의 개성과 창의성을 충분히 발휘할 수 있는 장을 마련해주는 데 집중한다. 바로 이 점이 우수한 크리에이터들이 샌드박스로 모이는 가장 큰 이유이기도 하다.

샌드박스는 새로운 시대를 크리에이터들과 함께 열 준비가 되어 있다. 더불어 크리에이터의 관점에서 회사를 운영하고 의사 결정을 하는 것처럼, 크리에이터들 역시 눈앞의 이익보다는 자신의 브랜드 가치와 영향력에 대해 고심해주길 바라고 있다.

함께하면 즐겁고 힘이 되는 크리에이터가 되자

샌드박스의 크리에이터들은 점점 성장하고 사회적 영향력이 커짐에 따라 단지 유명인이 아니라 '인플루언서'로서의 책임감을 더 크게 느끼고 있다. 그들은 자신의 일과 콘텐츠, 그리고 이 산업에 대해 어떤 생각을 갖고 있을까?

도티는 자신의 영향력이 커져갈수록 사회적 책임감을 강하게 느낀다고 말한다.

"저는 이 일이 너무 즐겁고 제 적성에 딱 맞기 때문에 끝까지 활동할 생각이에요. 그러려면 내가 만든 콘텐츠가 미치는 영향력을 늘 생각해야 하고, 신중해져야 합니다. 전 건전한 콘텐츠 문화를 만드는 데 일조하고 싶어요. 초등학생인 제 조카들도 볼 수 있도록 말이에요. 건강한 콘텐츠를 만들어야겠다는 생각은 저뿐만 아니라 저희 팀의 신념이기도 해요."

백수골방도 자신이 만든 '무언가'로 다양한 세대의 사람들에게 어떤 영향을 미칠지에 대해 끊임없이 고심하고 있다. 크리에이터는 창조자가 될 수도 있지만 경우에 따라 파괴자가 될 수도 있음을 알기에 경계하는 것이다.

"사람들에게 힘을 보낼 수 있어야 한다고 생각해요. 그래야 진정한 크리에이터 아닐까요? 만약 세상에 악한 영향력을 끼친다면 그 사람은 창조가 아니라 파괴를 하는 사람이겠죠."

그는 선한 영향력을 퍼뜨리면 자신도 선한 영향력을 돌려받아 함께 행복할 수 있다고 말한다.

라온 역시 시청자들이 자신에게 주는 긍정적 피드백에서 큰 힘을 얻는다고 말한다. 자신의 노래가 위로가 되어주고 시청자들은 다시 라온에게 더 좋은 콘텐츠를 만들 힘을 불어넣어주는 것이다.

"제 노래를 듣고 많은 분들이 댓글을 남겨주시는데, 그중 힘이 나고 즐겁다는 댓글을 보았을 때 크리에이터로서 가장 보람을 느껴요. 자살까지 생각했던 분이 제 노래를 듣고 살아갈 힘을 얻었다는 댓글이 가장 기억에 남네요. 나라는 존재가 누군가의 일상에 활력을 불어넣고 그들의 삶에 영향을 준다는 것은 정말 굉장한 일이라고 생각합니다."

크리에이터들의 영향력은 점점 더 커지고 있다. 특히 주 시청자이자 미래의 크리에이터들인 10대들에게 미치는 영향은 지대하다. 이런 점을 누구보다 잘 알기에 크리에이터들의 마음가짐 역시 남다르다고 샌드박스 네트워크 사람들은 말한다.

"도티에게 열광하는 친구들을 보세요. 현실에는 없는 또 다른 친구인 셈이에요. 저희는 이런 게 그 무엇보다 좋은 가치라고 생각해요. '괜찮아 너는 지금 충분히 잘하고 있어'라며 인정해주고, '친구를 괴롭혀선 안 되지'라고 조언하는 게 부모나 선생님이 이야기하는 것보다 더 와닿는 거예요. 저희는 이런 게 샌드박스 크리에이터들이 가져야 하는 자부심이라고 생각해요."

세상에서 가장 재미있고 창의적인 콘텐츠를 만드는 크리에이터들. 그런 크리에이터들의 놀이터 샌드박스 네트워크.

We Create Better Together!

함께여서 더 좋은 것을 만들어내는 샌드박스 네트워크와 크리에이터들의 여행은 앞으로도 지치지 않고 계속될 것이다. 이 책을 읽는 여러분들과 함께.

샌드박스 네트워크 직원들이 답했다.
"샌드박스 네트워크는 OOOOO이다."

샌드박스 네트워크는 Z세대를 위한 놀이터다. 미디어 소비가 디지털로 획기적인 변화를 보이고 있는 이들이 Z세대이고, 그들을 가장 잘 이해하고 그들을 위한 가장 재미있는 콘텐츠를 제공하는 유쾌한 공간이기 때문에!

－부사장 이영민

샌드박스 네트워크는 치즈 피자다. 기본에 충실하면서도 오래오래 사랑받는 콘텐츠로 사람들의 눈과 귀를 즐겁게 해주는 곳!

－최고 파트너십 책임이사 김범휴

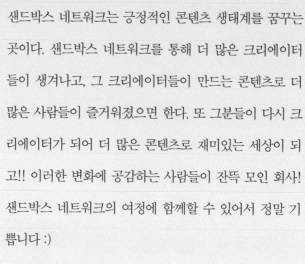

샌드박스 네트워크는 긍정적인 콘텐츠 생태계를 꿈꾸는 곳이다. 샌드박스 네트워크를 통해 더 많은 크리에이터들이 생겨나고, 그 크리에이터들이 만드는 콘텐츠로 더 많은 사람들이 즐거워졌으면 한다. 또 그분들이 다시 크리에이터가 되어 더 많은 콘텐츠로 재미있는 세상이 되고!! 이러한 변화에 공감하는 사람들이 잔뜩 모인 회사! 샌드박스 네트워크의 여정에 함께할 수 있어서 정말 기쁩니다 :)

–사업개발팀 팀장 김경림

샌드박스 네트워크는 각자가 주인공인 게임 세상이다. 크리에이터와 직원 모두가 원하는 스토리를 달성하기 위해 스스로 퀘스트를 만들고 수행한다. 레벨을 올리다 보면 또 새로운 퀘스트가 우리를 항상 기다리고 있으리!

–사업개발팀 매니저 김소정

샌드박스 네트워크는 커피다! 커피와 어떤 재료를 섞느냐에 따라 셀 수 없이 다양한 음료가 만들어지듯이, 샌드박스 네트워크와 어떤 크리에이터가 만나느냐에 따라 다양하고 즐거운 콘텐츠가 무한정 만들어지니까!

–사업개발팀 매니저 오현진

샌드박스 네트워크는 세상에 없던 즐거움을 만들어나가는 재미 창조자(creator)들이 모인 곳.

–마케팅팀 팀장 서현직

샌드박스 네트워크는 '점선 잇기'다. 팬들의 생각을 '점'이라고 생각한다면 다양한 점들을 이어서 그림을 만들고, 그 그림을 콘텐츠로 실현하는 곳.

–디자인팀 팀장 최윤정

샌드박스 네트워크는 상상이 현실이 되는 곳이다. 엉뚱한 상상력이 전문적인 영상 제작자들과 만나 무한한 콘텐츠가 만들어지는 세계!

–콘텐츠팀 팀장 황호찬

샌드박스 네트워크는 편의점이다. 다양한 분야의 콘텐츠들이 준비되어 있고, 내 취향의 콘텐츠를 24시간 언제든지 볼 수 있기 때문에.

-인사팀 매니저 조혜연

샌드박스 네트워크는 화수분이다. 지금까지 계속해서 좋은 크리에이터들이 발굴·양성되었고, 앞으로도 그럴 테니까!

-파트너십팀 팀장 김선구

샌드박스 네트워크는 마법 상자다. 좋은 콘텐츠, 크리에이터, 사람이 쏟아져 나온다.

-파트너십팀 팀장 김찬기

샌드박스 네트워크는 레인보우다. 온갖 빛이 가득한 다채로운 색깔의 크리에이터들이 모여 있는 공간이고, 시청자에게 즐거움과 행복을 전달하기 때문이다!

-파트너십팀 매니저 강수림

샌드박스 네트워크는 놀이동산이다. 재능과 끼로 똘똘 뭉친 크리에이터들과 함께하면서, 콘텐츠를 통해 매일 즐겁고 신나는 경험을 할 수 있는 어릴 적 꿈의 놀이동산 같은 곳!

-파트너십팀 매니저 박전혜

샌드박스 네트워크는 콩주머니다. 크리에이터의 건강한 생태계라는 대박을 터뜨리기 위해 끊임없이 몸을 던지고 부딪치는 콩주머니!

-파트너십팀 매니저 이동욱

샌드박스 네트워크는 예술가의 작업실이다. 다양한 분야의 사람들이 자신만의 색으로 콘텐츠를 만들 수 있도록 서포트 하고, 다양한 영감을 받을 수 있도록 만들어주는 특별한 작업실!!

-파트너십팀 매니저 정예지

샌드박스 네트워크는 S.H.I.E.L.D다. 디지털 콘텐츠 히어로들을 뒤에서 서포트 해주니까! 크리에이터가 어벤져스라면, 샌드박스는 쉴드!

-파트너십팀 매니저 하헌재

샌드박스 네트워크는 만화경이다. 형형색색의 크리에이

터들이 모여 어느 쪽을 들여다보아도 두근두근한 장면이

펼쳐지는, 그야말로 컬러풀한 세상!

-파트너십팀 매니저 황수연

샌드박스 네트워크는 캔버스다. 문득 떠오른 즐거운 생

각을 마음껏 그려낼 수 있는 넓고 튼튼한 캔버스.

-파트너십팀 PD 안영은

자신의 생각을 적어보세요.

샌드박스 네트워크는 나에게
○○○○○이다.